C·L·É·O

Compréhension · Lexique · Étude de la langue · Orthographe

français

cahier d'entrainement

— Antoine Fetet —

RETZ
editions-retz.com

Sommaire

Compréhension

Je réponds **aux devinettes** 3
Je comprends **dans quel ordre les choses se passent** 8
J'associe **des phrases et des images (1)** 10
J'associe **des phrases et des images (2)** 12
J'observe **les images** et je réponds **aux devinettes** 14

Lexique

Je maitrise **l'ordre alphabétique** 17
Je reconnais **les catégories de mots** 20
Je reconnais **les verbes contraires** 22
Je reconnais **les adjectifs contraires** 23
Je comprends **les différents sens du verbe *faire*** 24

Étude de la langue

Je construis **des phrases** 26
Je reconnais **les noms** 28
J'utilise **les articles** 30
Je reconnais **les verbes** 32
Je reconnais **les noms et les verbes** 34
Je construis **des phrases** 35
Je repère **les verbes dans la phrase** 37
Je conjugue **le verbe *avoir* au présent** 39
Je conjugue **le verbe *être* au présent** 40
Je conjugue **les verbes *avoir* et *être* au présent** 41

Orthographe

J'apprends **comment écrire ce que j'entends (1)** 42
   cr / gr – cl / gl – cl / cr 42
   oi / on – oi / ou – ou / on 43
   bl / br – pl / pr – bl / pl 44
   ai / an – ai / au / eau – an / au / eau 45
   fr / vr – fl / fr – fr / vr / fl 46
   oi / io – oin / ion – oi / oin / io / ion 47
   bar / bra / cor / cro – car / cra / tour / trou – tor / tro / pla / pal 48
   eu / en – ien / en – in / ien 49
   c / ç 50
   gui / gi / gue / ge – gri / gi / gui / gre / ge / gue 51
   gon / geon / gou / go – gon / geon / geo / go – geo / go / gon / geoi 52
   em / en / om / on – am / an / em / en – im / in / am / an 53

J'apprends **comment écrire ce que j'entends (2)** 54
   -ail / -eil / -euil / -ouil 54
   gn / ill 55
   -aille / -eille / -ille / -ouille / -euille 56
   -elle /- ette / -esse / -erre / -enne 57
   s / ss 58

Je forme **des phrases bien orthographiées** 59
J'accorde **l'adjectif avec le nom** 61
Je construis **des phrases en faisant attention aux accords** 63

Direction éditoriale : Sylvie Cuchin
Édition : Charlotte Aussedat
Conception : Jean-François Saada
Réalisation : Isabelle Vacher
Mascottes : Nikao
Illustrations : Xavier Frehring
Photos : © iStock
Corrections : Florence Richard

ISBN : 978-2-7256-3501-9
© Retz, 2015 pour la première édition © Retz, 2016 pour la présente édition
N° de projet : 10261166
Dépôt légal : mars 2016
Imprimé en France en janvier 2020 par Imprimerie de Champagne Langres 52

Cet ouvrage suit l'orthographe recommandée par les programmes de 1990 et les programmes scolaires.

Voir le site http://www.orthographerecommandee.info et son miniguide d'information.

Je réponds aux devinettes

Lis les textes puis réponds aux devinettes.

1
date : 15 septembre

La femelle d'un loup,
c'est une loupe
ou c'est une louve ?
▶ un louve

Un animal qui a deux bosses,
c'est un chamois
ou un chameau ?
▶ un chamois

2
date : 15 septembre

Un enfant qui veut tout savoir,
c'est un petit curieux
ou un petit furieux ?
▶ petit curieux

Quand on met la table,
on met le (couvert)
ou on met le cou vert ?
▶ le couvert

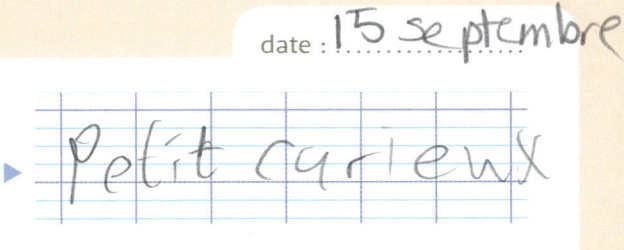

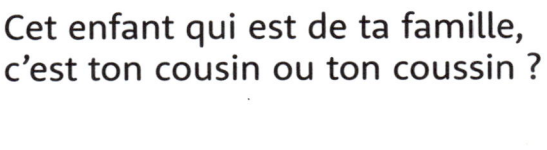

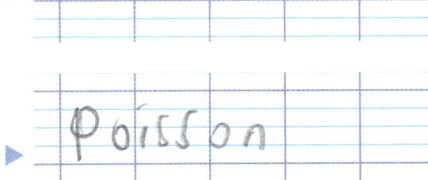

3
date : 17 septembre

Cet enfant qui est de ta famille,
c'est ton cousin ou ton coussin ?
▶ cousin

Ce qu'il y a dans ton assiette,
c'est du poisson ou du poison ?
▶ poisson

4
date : 17 septembre

Cet objet qui sert
à remplir les bouteilles
c'est un manteau noir
ou un entonnoir ?
▶ entonnoir

Au parc de jeux,
on va sur le tour Mickey
ou sur le tourniquet ?
▶ tourniquet

Je réponds aux devinettes

Lis les textes puis réponds aux devinettes.

5

Pour que l'eau coule, faut-il tourner le gros minet ou le robinet ?

Le coureur le plus fort, c'est le champignon ou le champion ?

6

Pour laver les carreaux, j'ai besoin d'un escargot ou d'un escabeau ?

Une petite épine qui est entrée sous la peau, c'est une écharpe ou une écharde ?

7

Cet animal, c'est un élégant ou un éléphant ?

Le bébé du renard s'appelle le renard d'eau ou le renardeau ?

8

Il fait peur aux oiseaux dans les jardins : c'est un épouvantable ou un épouvantail ?

Cet animal qui ressemble à un hérisson, c'est un porte-épine ou un porc-épic ?

9

date : ....

Un ours brun, ça dort
dans une crotte
ou dans une grotte ?

Qu'est-ce que la tortue
porte sur son dos :
une caravane ou une carapace ?

10

date : ....

Mon grand frère,
est-ce mon frère est né
ou mon frère ainé ?

Ce monsieur
qui a une grande barbe,
est-ce un barbu ou un barbare ?

11

date : ....

Quand on fait de la peinture,
on pose le tableau
sur un chevalet
ou sur un chevalier ?

Cet animal qui vole la nuit,
c'est une chauffe-souris
ou une chauvesouris ?

12

date : ....

Dans le jardin,
est-ce que le gazon est ouvert
ou tout vert ?

Des sœurs jumelles, est-ce
qu'elles se rassemblent beaucoup
ou se ressemblent beaucoup ?

Je réponds aux devinettes

Lis les textes puis réponds aux devinettes.

date : ....

13

Un lapin,
ça range les carottes
ou ça ronge les carottes ?

Cet animal qui a l'air dangereux,
c'est un rhino féroce
ou un rhinocéros ?

date : ....

14

Cet oiseau,
c'est un père hoquet
ou un perroquet ?

Comment s'appelle cet animal,
un croque-Odile ou un crocodile ?

date : ....

15

Est-ce qu'on fait
le plein d'essence
ou le plein de naissances ?

Est-ce que c'est une casserole
en alu mignonne
ou en aluminium ?

date : ....

16

Quand les feuilles
commencent à pousser,
on dit que l'arbre bougonne
ou que l'arbre bourgeonne ?

Ce gros réservoir qui distribue
l'eau dans les maisons,
c'est un château d'eau
ou un chapeau d'eau ?

17

date : ....

Pour que la lampe s'allume,
il y a besoin de courant énergique
ou de courant électrique ?

Autrefois, qu'est-ce qu'on attachait
au pied des prisonniers :
un poulet ou un boulet ?

18

date : ....

Ce cochon sauvage
qui vit dans la forêt,
c'est un sanglier ou un cendrier ?

Un magasin qui vend
un peu de tout,
c'est un bazar ou un bizarre ?

19

date : ....

Ce jouet dans le ciel,
c'est un cerf-volant
ou un cerveau lent ?

C'est un pain de campagne
ou un pain de compagne ?

20

date : ....

Quand on a la grippe,
on a de la fève ou de la fièvre ?

L'appareil qui tourne
pour te rafraichir,
c'est un ventilateur
ou un éventail ?

7

Je comprends dans quel ordre les choses se passent

**Lis chaque petit texte.
Puis numérote les images dans l'ordre où les choses se passent.**

1
date : ....

J'ai offert à maman un beau dessin que j'avais fait à l'école. Elle était très contente.

2
date : ....

Quand la nuit est tombée, Camille et moi on s'est couché sous la tente que papa et maman avaient plantée dans le jardin. On a bien dormi !

3
date : ....

Mamie m'a envoyé un cadeau mais je ne l'ai pas encore reçu.
Dès que je sortirai de l'école, j'irai à la boite aux lettres.

4
date : ....

J'ai cherché mon bracelet partout chez moi, mais je crois que je l'ai perdu à l'école. Demain, je demanderai à la maitresse si elle l'a trouvé.

5

date : ....

J'ai passé l'aspirateur, parce que Léo avait renversé le paquet de sucre.
Il n'aurait pas dû courir dans la cuisine !

6

date : ....

J'ai dit merci à la boulangère, parce qu'elle m'a donné une sucette
quand je suis allé acheter le pain.

7

date : ....

Le bateau rentre au port, chargé des poissons pêchés pendant la nuit,
qui seront vendus de bon matin.

8

date : ....

On pourra décorer le gâteau d'anniversaire dès qu'il sera cuit.
Mais il faut d'abord le verser dans un plat qui va au four.

J'associe
des phrases et des images (1)

Lis le petit texte.
Entoure les images qui peuvent aller avec lui.

1

date : ....

« Attachez votre ceinture ! »

2

date : ....

« J'ai une faim de loup ! »

3

date : ....

Il appuya l'échelle contre le mur.

4

date : ....

Tout le monde avait son sac sur le dos.

5

date : ....

Les enfants ont éclaté de rire.

6 date : ....

Simon souffla très fort.

7 date : ....

« Clic ! »

8 date : ....

Alix entra dans l'eau.

9 date : ....

Léa avait les cheveux mouillés.

10 date : ....

Il glissa dans l'air, sans aucun bruit.

J'associe
des phrases et des images (2)

**Lis le petit texte.
Entoure l'image qui peut aller avec lui.**

date : ....

1

Le pilote prend le micro et dit : « Attachez votre ceinture ! »

date : ....

2

« J'ai une faim de loup », dit-il en se léchant les babines.

date : ....

3

Il appuya l'échelle contre le mur et commença à peindre.

date : ....

4

Tout le monde sortit de l'école, son sac sur le dos.

date : ....

5

Les enfants ont éclaté de rire quand Gudule est tombé par terre.

6 date : ....

Simon souffla très fort ; on entendit un grand « Pouêt ».

7 date : ....

« Souriez ! Ne bougez plus ! Clic ! »

8 date : ....

Alix entra dans l'eau salée.

9 date : ....

Léa avait les cheveux mouillés. Elle voulait les couper très court.

10 date : ....

Il glissa dans l'air, sans aucun bruit, puis atterrit sous le bureau de la maitresse.

J'observe les images et je réponds aux devinettes

**Lis les textes et observe bien les images.
Puis réponds aux devinettes.**

1

Je suis rouge et sucrée. Je suis pleine de pépins.
Tu me manges en été.

Qui suis-je ? ▶ une pastèque

date : ....

2

Je suis ronde, en verre,
et tu joues avec moi dans la cour.

Qui suis-je ? ▶

date : ....

3

Je ressemble à du brocoli, mais je pousse dans la mer.
Les poissons se cachent entre mes branches.

Qui suis-je ? ▶

date : ....

4

— Bonjour, Madame la chouette, tes gros yeux m'ont fait peur !
— Je ne suis pas une chouette, je suis un insecte avec des faux yeux dessinés sur mes ailes !

Qui suis-je ? ▶

date : ....

5

— Oh ! le joli poisson rouge !
— Tu te trompes, ce ne sont pas les écailles d'un poisson !
On les trouve sur les maisons...

Qu'est-ce que c'est ? ▶

6

date : ....

Est-ce que c'est une forêt
ou des algues qui poussent au fond de la mer ?
Pas du tout, c'est ce qui pousse sur ta tête !

Qu'est-ce que c'est ?
▶

7

date : ....

Attention ! Il y a un danger au milieu des fraises !
Est-ce que tu le vois ?

Qu'est-ce que c'est ?
▶

8

date : ....

Je suis presque invisible sur le sable, et pourtant,
je suis bien là avec ma carapace et mes pinces !

Qui suis-je ?
▶

9

date : ....

Je me cache au milieu des coquelicots...
Mais si tu t'approches trop, je vais m'envoler !

Qui suis-je ?
▶

10

date : ....

Je suis un reptile caché sur ce gros caillou, bien accroché
avec mes quatre pattes : si tu me cherches bien, tu me trouveras !

Qui suis-je ?
▶

15

J'observe **les images** et je réponds **aux devinettes**

**Lis les textes et observe bien les images.
Puis réponds aux devinettes.**

11

Au milieu de la mare, elle se cache,
prête à plonger si tu t'approches.

Qu'est-ce que c'est ?

date : ....

12

Le petit lapin se repose dans l'herbe.
Mais si tu tournes ton cahier comme le montre la flèche,
tu vois un autre animal.

Qu'est-ce que c'est ?

date : ....

13

Tu vois ce papillon posé sur une jolie fleur jaune ?
Le papillon n'est pas tout seul : une petite bête à huit pattes
essaye de le manger.

Qu'est-ce que c'est ?

date : ....

14

C'est un tronc d'arbre. Mais il y a aussi un insecte qui se camoufle :
ses ailes sont de la même couleur que l'écorce.

Qu'est-ce que c'est ?

date : ....

15

Laquelle de ces deux fleurs a le cœur le plus gros ?
Prends ta règle et vérifie.

Que remarques-tu ?

date : ....

16

Je maîtrise
l'ordre alphabétique

Écris les noms dans l'ordre alphabétique. Puis complète la phrase.

1 date : ....

banane — datte — abricot — cerise

Tous les quatre font partie de la catégorie des : ....

2 date : ....

Espagne — Hongrie — France — Grèce — Italie

Tous les cinq font partie de la catégorie des : ....

3 date : ....

lapin — ibis — mouton — koala — jaguar

Tous les cinq font partie de la catégorie des : ....

17

Je maitrise l'ordre alphabétique

**Écris les noms dans l'ordre alphabétique.
Puis complète la phrase.**

4

Quentin — Olivia — Pascal — Tom — Rachid — Soana

Tous les six font partie de la catégorie des : ....

date : ....

5

zèbre — urubu — xérus — wapiti — yack — vipère

Tous les six font partie de la catégorie des : ....

date : ....

6

gomme — colle — ardoise — feutre — stylo — règle

Tous les six font partie de la catégorie des : ....

date : ....

7

date : ....

| bus | voiture | camion | train | avion | moto |

Tous les six font partie de la catégorie des : ....

8

date : ....

| écharpe | pull | manteau | chemise | jupe | bonnet |

Tous les six font partie de la catégorie des : ....

9

date : ....

| tomate | haricots | poireau | salade | chou | ognon |

Tous les six font partie de la catégorie des : ....

19

Je reconnais les catégories de mots

Lis chaque liste de mots et barre l'intrus.
Peux-tu expliquer pourquoi l'intrus ne va pas avec les autres ?

date : ....

1

un cerisier
un pommier
un escalier
un poirier
un marronnier

une dentiste
une journaliste
une pianiste
une fleuriste
une piste

verdir
rougir
jaunir
dormir
noircir

date : ....

2

une infirmière
une rivière
une fermière
une policière
une ouvrière

un ourson
un chaton
un caneton
un mouton
un ânon

regonfler
revisser
reboucher
remuer
repeindre

date : ....

3

un fermier
un cuisinier
un pâtissier
un saladier
un pompier

un souriceau
un escabeau
un éléphanteau
un baleineau
un renardeau

une coiffeuse
une agrafeuse
une vendeuse
une danseuse
une chanteuse

4

date : ....

un Italien	une tartelette	grandir
un Australien	une camionnette	grossir
un pharmacien	une recette	sortir
un Canadien	une clochette	mincir
un Algérien	une maisonnette	maigrir

5

date : ....

un docteur	un chirurgien	française
un directeur	un magicien	anglaise
un professeur	un musicien	mauvaise
un balayeur	un mécanicien	japonaise
un ordinateur	un Parisien	portugaise

6

date : ....

une inspectrice	un poulet	une trentaine
une directrice	un porcelet	une dizaine
une cicatrice	un jardinet	une fontaine
une exploratrice	un robinet	une centaine
une présentatrice	un coffret	une douzaine

Je reconnais les verbes contraires

Complète chaque phrase avec un verbe contraire, à l'aide de la liste donnée. Puis entoure les deux verbes contraires.

1

L'écureuil s'endort, mais l'ours ....

Léo éteint la lumière, alors Jade .... la veilleuse.

Gaston tire sur la corde pendant que Luc le ....

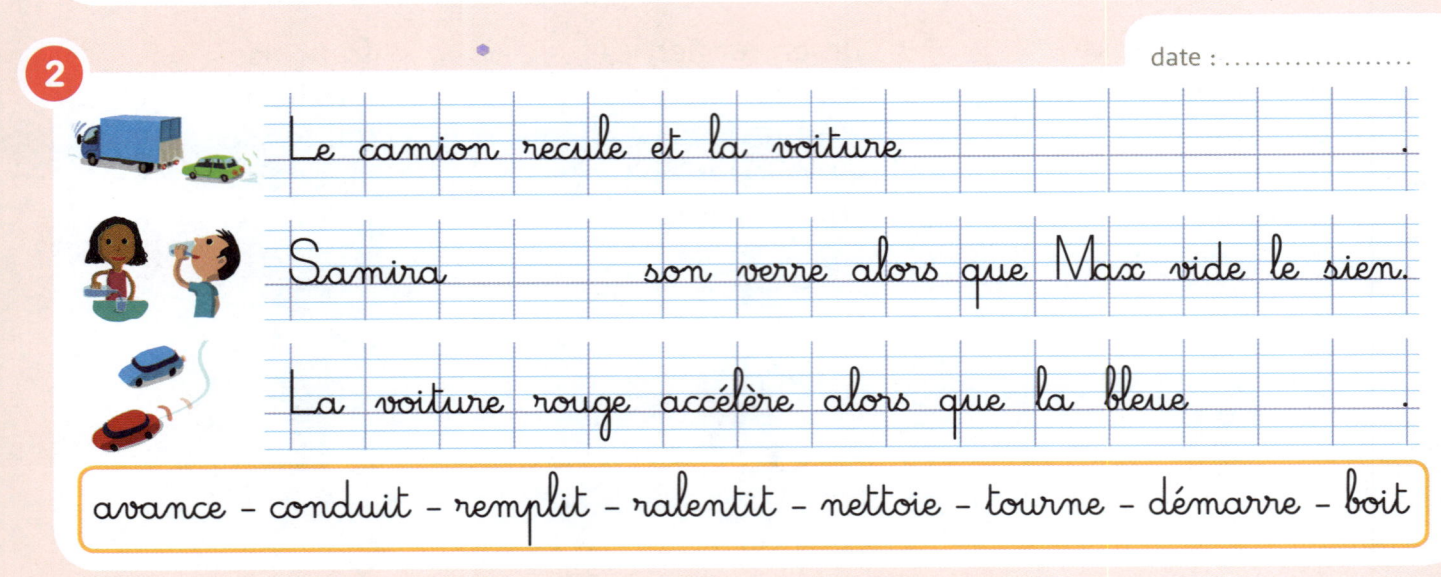

se réveille – ouvre – dort – allume – se repose – rêve – pousse – court

2

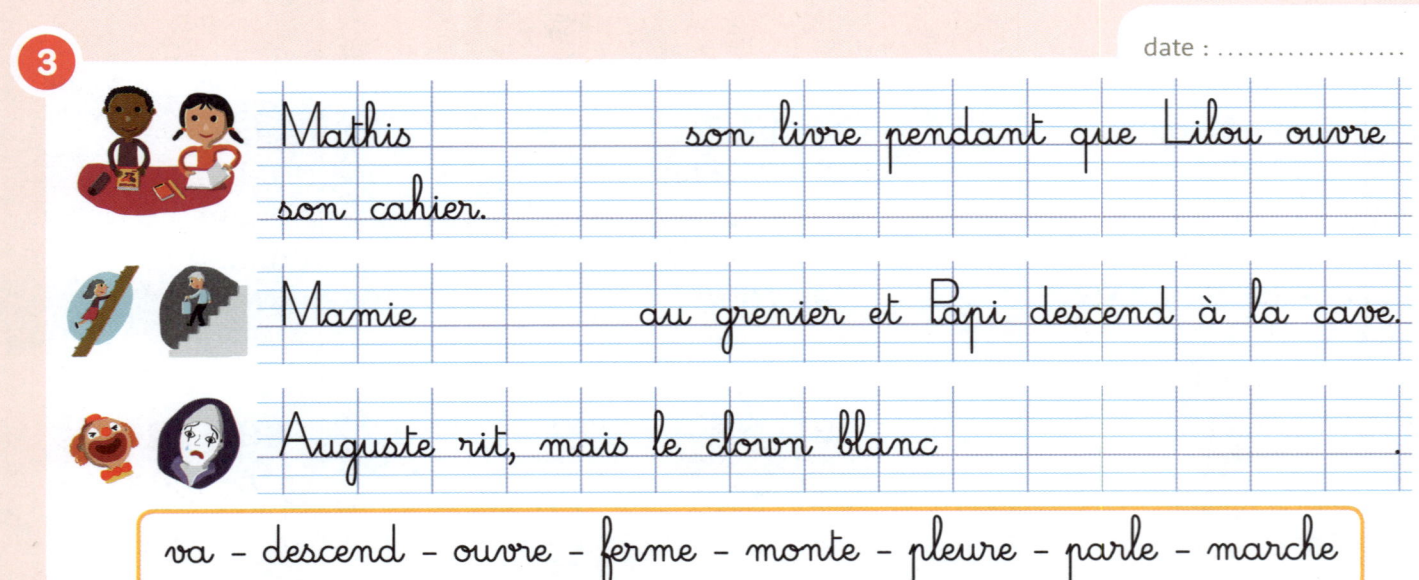

Le camion recule et la voiture ....

Samira .... son verre alors que Max vide le sien.

La voiture rouge accélère alors que la bleue ....

avance – conduit – remplit – ralentit – nettoie – tourne – démarre – boit

3

Mathis .... son livre pendant que Lilou ouvre son cahier.

Mamie .... au grenier et Papi descend à la cave.

Auguste rit, mais le clown blanc ....

va – descend – ouvre – ferme – monte – pleure – parle – marche

Je reconnais les adjectifs contraires

Complète chaque phrase avec un adjectif contraire, à l'aide de la liste donnée.
Puis entoure les deux adjectifs contraires.

1   date : ....

L'escargot est lent, mais le lièvre est rapide.

Le sac est léger, mais la valise est lourde.

Il y a un verre plein et un verre ....

vide − triste − chaude − rapide − lourde − mince − malin − rempli

2   date : ....

Lola est .... , alors que Max est joyeux.

Cette chemise est .... , l'autre est propre.

La fée est gentille, la sorcière est ....

contente − triste − rapide − sale − jolie − vieille − jeune − méchante

3   date : ....

La porte est ouverte, mais la fenêtre est ....

La glace est froide, alors que la tasse est ....

Mes pieds sont .... , mais mes cheveux sont secs.

cassée − propres − chaude − glacée − mouillés − fragile − sales − fermée

23

Je comprends les différents sens du verbe *faire*

Réécris la phrase en remplaçant le verbe faire par un autre verbe de la liste. Aide-toi de la liste de verbes.

1

date : ....

Sam et Carla vont faire une cabane.

Sam et Carla vont _____ .

C'est Jules qui va faire le repas.

C'est Jules qui _____ .

Jeanne va faire la vaisselle.

Jeanne _____ .

manger – écrire – laver – construire – préparer

2

date : ....

Mon chien est très gros : il fait 40 kilos !

Mon chien _____ !

Dans cette usine, on fait des jouets en bois.

Dans cette _____ .

Sidonie fait du piano depuis l'âge de cinq ans.

Sidonie _____ .

joue – pèse – dort – lit – fabrique

3

date : ....

Hier, j'ai fait 10 kilomètres dans les bois.

Hier, j'

J'ai fait un poème pour la fête des mères.

J'

J'ai fait un beau cadeau à papa.

J'

ai offert – ai écrit – ai marché – ai nagé – ai mangé

4

date : ....

Ce train fait environ deux-cents mètres de long.

Ce train

Papi fait une photo de toute la famille.

Papi

Samedi, Adèle fait son anniversaire avec ses copines.

Samedi, Adèle

prend – pèse – mesure – fête – écrit

Je construis des phrases

Observe chaque dessin et construis une phrase avec les étiquettes proposées.

1 date : ....

| Le | par-dessus | bondit | le rocher. | bandit |

Le ....

| Combien | ce livre | contes ? | de | coute |

.... ?

2 date : ....

| Mon | s'est cassé | un | ongle. | oncle |

....

| L'éléphant | sa | dans le | seau. | trompe | trempe |

....

3 date : ....

| caméléon | longue | Le | a | langue. | une |

....

| bout | Ce | de tissu | doux. | très | est |

....

4

Le | la | se | cache | cage. | au fond de | lapin

au milieu | des | joue | choux. | chat | Le

5

gêne | chaine | me | beaucoup ! | Cette

Le chien pense : « »

le | Samuel | gare. | car | à la | prend

6

poivron | souris | le | La | rouge. | ronge

grande | gronde | sœur. | Papa | ma

Je reconnais les noms

**Classe les noms dans les colonnes et recopie-les en écrivant devant le, la, l' ou les.
Barre les intrus.**

1

poule – maitresse – collier – fauteuil – lapin – dormir
docteur – chien – aussitôt – cousine – danser – voiture

Noms qui désignent des personnes	Noms qui désignent des animaux	Noms qui désignent des choses
	la p	

2

kangourou – championne – dessiner – guitare – toujours – ordinateur
fourmi – pêcheur – escargot – fermière – maintenant – trousse

Noms qui désignent des personnes	Noms qui désignent des animaux	Noms qui désignent des choses
	le k	

3

pinceau – longtemps – combien – lunettes – couteau – copain
princesse – araignée – hérisson – dentiste – répondre – tortue

Noms qui désignent des personnes	Noms qui désignent des animaux	Noms qui désignent des choses
		le p

4 date : ....

mystère - pleurer - idée - souvent - livre - élève
parents - vérité - clown - pont - écrire - gâteau

Noms qui désignent des personnes	Noms qui désignent ce qu'on peut prendre en photo	Noms qui désignent ce qu'on ne peut pas prendre en photo
		le m

5 date : ....

santé - moineau - piscine - zèbre - vitesse - bus - chance - lion - tambour

Noms qui désignent des animaux	Noms qui désignent ce qu'on peut prendre en photo	Noms qui désignent ce qu'on ne peut pas prendre en photo
		la s

6 date : ....

habitude - chaise - poire - courir - bébé - problème
dame - parfois - pompier - fontaine - secret - facile

Noms qui désignent des personnes	Noms qui désignent ce qu'on peut prendre en photo	Noms qui désignent ce qu'on ne peut pas prendre en photo
		l'h

J'utilise les articles

Observe bien les images.
Puis complète les phrases
avec les articles qui conviennent.

le – la – l' – les – un – une – des

1
date : ....

___ enfants s'amusent dans ___ bateau.

___ fleurs ont poussé dans ___ jardin.

___ clown regarde ___ acrobates.

2
date : ....

___ clown regarde ___ acrobate.

___ enfants sautent à ___ corde.

Il y a ___ bonbon, ___ sucette et ___ caramels.

3
date : ....

___ clowns regardent ___ acrobate.

___ vieux monsieur vend ___ ballons.

___ petite fille a acheté ___ ballon.

4

___ éléphant a ___ oreilles très grandes et ___ longue trompe.

___ voitures s'arrêtent pour laisser passer ___ piéton.

___ policiers ont arrêté ___ voleur.

5

___ voyageurs attendent ___ train sur ___ quai de ___ gare.

___ voiture s'arrête pour laisser passer ___ piétons.

___ enfants se reposent sur ___ plage ou s'amusent dans ___ vagues.

6

___ policier a arrêté ___ voleurs.

___ maîtresse a demandé à ___ élève d'effacer ___ tableau.

___ autre élève distribue ___ cahiers, ___ autre encore arrose ___ plante.

Je reconnais les verbes

Que peut faire un chien ? Relie et colorie les étiquettes avec les verbes, puis barre les autres étiquettes.

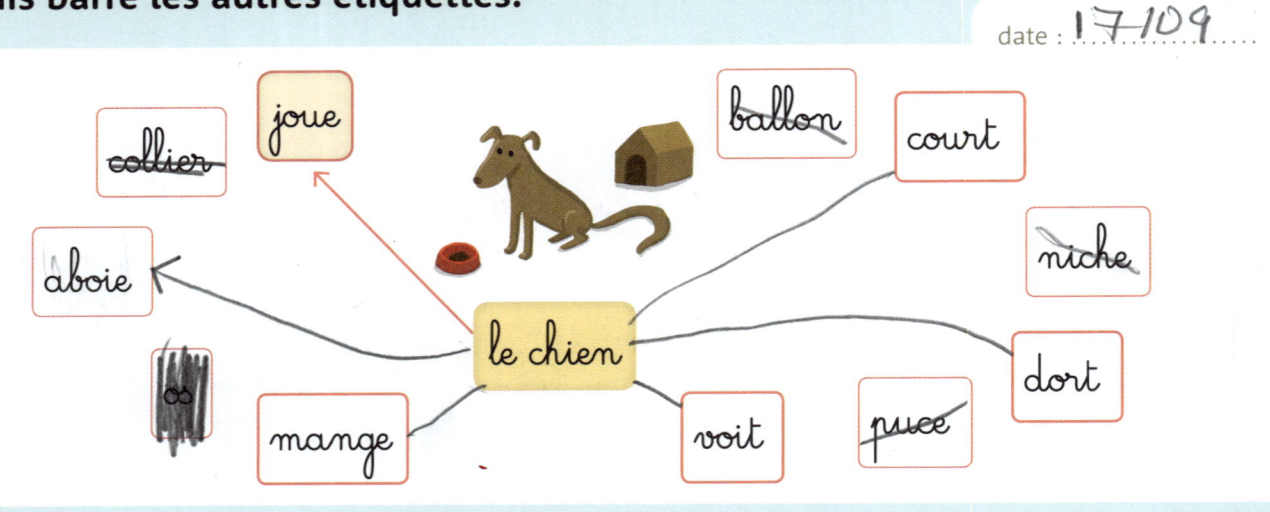

1   date : 17/09

- ~~collier~~
- joue
- ballon ~~(barré)~~
- court
- aboie
- niche ~~(barré)~~
- le chien
- dort
- ~~(étiquette noircie)~~
- mange
- voit
- ~~puce~~

Que peuvent faire des élèves ? Relie et colorie les étiquettes avec les verbes, puis barre les autres étiquettes.

2   date : ....

- discutent
- tableau
- travaillent
- école
- cahiers
- lisent
- les élèves
- dessinent
- écrivent
- rêvent
- écoutent

Que peut faire un orage ? Relie et colorie les étiquettes avec les verbes, puis barre les autres étiquettes.

3   date : ....

- arrive
- s'éloigne
- pluie
- panne
- approche
- tonnerre
- l'orage
- vent
- gronde
- nuit
- éclate

32

Que peut faire un ballon ? Relie et colorie les étiquettes avec les verbes, puis barre les autres étiquettes.

4 date : ....

football, roule, équipe, se dégonfle, rebondit, basket, joueur, but, s'arrête, récréation, le ballon

Que peuvent faire les chats ? Relie et colorie les étiquettes avec les verbes, puis barre les autres étiquettes.

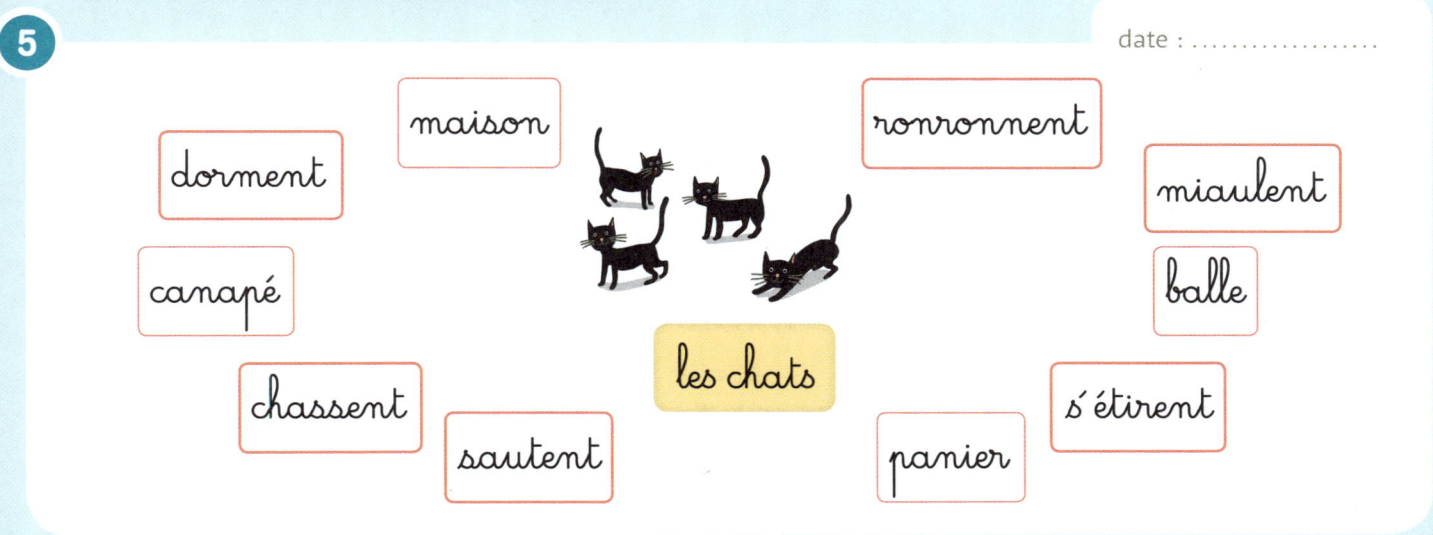

5 date : ....

maison, ronronnent, dorment, miaulent, canapé, balle, chassent, s'étirent, sautent, panier, les chats

Que peut faire une pomme ? Relie et colorie les étiquettes avec les verbes, puis barre les autres étiquettes.

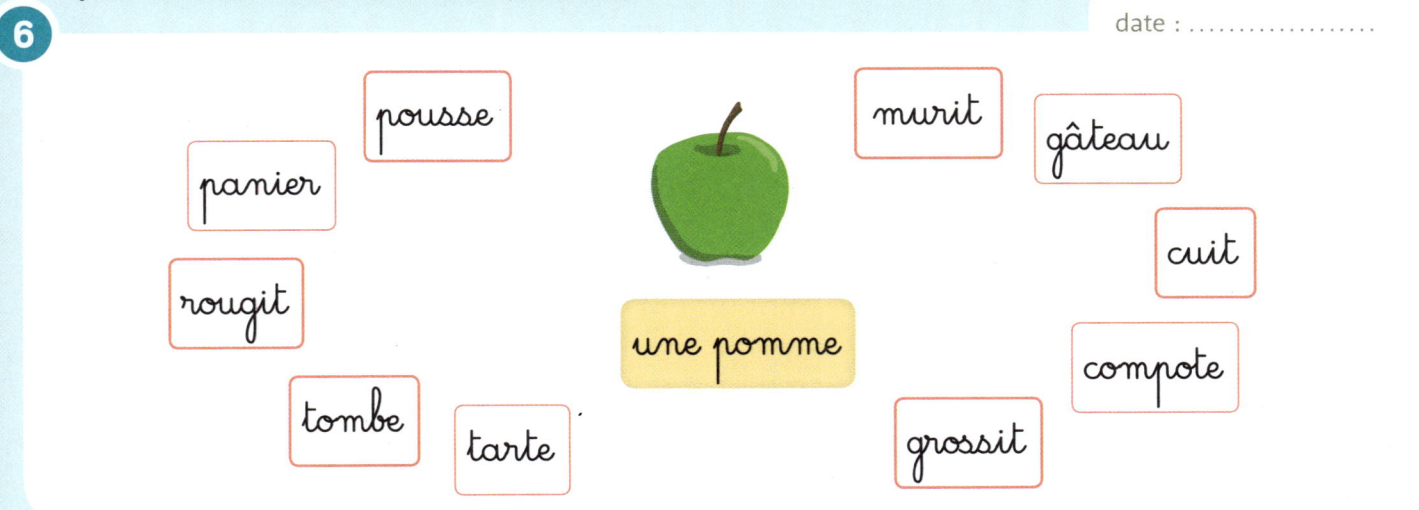

6 date : ....

pousse, mûrit, gâteau, panier, cuit, rougit, compote, tombe, tarte, grossit, une pomme

33

Je reconnais les noms et les verbes

Dans chaque liste, barre l'intrus.
Puis écris si c'est une liste de noms ou de verbes.

1

date : ....

manger
ranger
danger
changer
mélanger
C'est une liste de
....

dessine
termine
trottine
imagine
copine
C'est une liste de
....

route
choucroute
rajoute
autoroute
croute
C'est une liste de
....

2

date : ....

copier
se marier
crier
calendrier
colorier
C'est une liste de
....

médaille
bâille
paille
bataille
volaille
C'est une liste de
....

maisons
champignons
papillons
rentrons
bonbons
C'est une liste de
....

3

date : ....

oublier
remercier
février
plier
skier
C'est une liste de
....

instrument
allument
document
médicament
monument
C'est une liste de
....

cacher
chercher
pêcher
rocher
débrancher
C'est une liste de
....

Je construis des phrases

Observe chaque dessin.
Pour chacun, écris une phrase en utilisant les étiquettes (une ou plusieurs fois).
N'oublie pas la majuscule et le point !

1   date : ....

| Léo | Nina | Léo et Lou | Lou et Zoé | court | courent | mange | mangent |

2   date : ....

| Léa | Léa et Diego | Julie et Adèle | Tom | nage | nagent | skie | skient |

35

Je construis des phrases

Observe chaque dessin.
Pour chacun, écris une phrase en utilisant les étiquettes (une ou plusieurs fois).
N'oublie pas la majuscule et le point !

3 date : ....

| Il | Elle | Ils | Elles | dessine | dessinent | joue | jouent |

4 date : ....

| Il | Elle | Ils | Elles | lit | lisent | patine | patinent |

Je repère
les verbes dans la phrase

Lis les phrases.
Puis entoure le verbe qui est utilisé trois fois.

1

date : ....

Autrefois, les enfants jouaient au cerceau.

Je joue dans ma chambre.

Demain, je jouerai avec mon amie Jézabel.

Avant de sortir, tu mettras ton manteau.

Mets tes mains dans tes poches.

Ils mettent un masque de Carnaval.

2

date : ....

Les enfants veulent aller à la piscine.

Le chat veut sortir.

Est-ce que tu veux une part de gâteau ?

Je mange une pomme.

Demain, je mangerai chez Mamie et Papi.

Ne mangez pas ce champignon !

3

date : ....

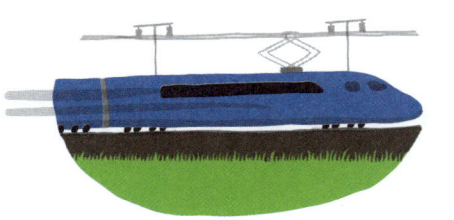

Autrefois, les trains roulaient comme des escargots !

Aujourd'hui, ils roulent très vite.

Dans le futur, ils rouleront encore plus vite.

Je voyais mal sans lunettes.

Avec des lunettes, je vois beaucoup mieux.

Est-ce que vous voyez bien au tableau ?

Je repère les verbes dans la phrase

Lis les phrases.
Puis entoure le verbe qui est utilisé trois fois.

4

date : ....

Je vais à l'école de musique pour apprendre la guitare.
Anissa et Lucas apprennent leur leçon.
Pour jeudi, vous apprendrez la poésie.

On ne doit pas crier en classe.
Ne crie pas dans mes oreilles !
Quand Tim arrivera, on criera : « Bon anniversaire ! »

5

date : ....

Autrefois, on écrivait avec une plume.
Moi, j'écris avec un crayon.
Tu crois qu'un jour on écrira avec un stylo-laser ?

Quand tu étais bébé, tu marchais à quatre pattes.
Je marche sur la pointe des pieds pour ne pas faire de bruit.
La voiture est tombée en panne, on marchera jusqu'à l'école.

6

date : ....

Quand tu étais bébé, tu dormais dans un berceau.
Pendant les grandes vacances, je dormirai sous la tente.
Hier soir, Max n'arrivait pas à dormir.

L'année dernière, je chantais à la chorale.
On chantera une chanson à la fête de l'école.
Le coq chante très tôt tous les matins.

Je conjugue **le verbe *avoir*** au présent

Complète les phrases avec une forme du verbe avoir.
Puis transforme-les au singulier ou au pluriel.

j'ai	nous avons
tu as	vous avez
il / elle / on a	ils / elles ont

1   date : ....

Samuel ____ faim. → Samuel et Max ____ .

J' ____ sommeil. → Nous ____ .

Tu ____ six ans. → Vous ____ .

2   date : ....

Elle ____ un chien. → Ils ____ .

J' ____ froid. → Nous ____ .

Il ____ de la force. → Ils ____ .

3   date : ....

J' ____ des lunettes. → Nous ____ .

Vous ____ un hamster. → Tu ____ .

Tu ____ chaud. → Vous ____ .

Je conjugue le verbe être au présent

je suis | nous sommes
tu es | vous êtes
il / elle / on est | ils / elles sont

**Complète les phrases avec une forme du verbe être.
Puis transforme-les au singulier ou au pluriel.**

1

date : ....

Je ___ malade. → Nous ___ .

Vous ___ au CP. → Tu ___ .

Cet élève ___ sage. → Ces élèves ___ .

2

date : ....

Tu ___ un champion. → Vous ___ .

Il ___ pressé. → Ils ___ .

Tu ___ fatiguée. → Vous ___ .

3

date : ....

Je ___ en forme. → Nous ___ .

Faroud ___ amoureux. → Faroud et Lou ___ amoureux.

La fée ___ belle. → Les fées ___ .

40

Je conjugue les verbes *avoir* et *être* au présent

**Complète les phrases avec les formes des verbes avoir et être.
Puis réponds à la devinette.**

1 date : ....

Je _____ un animal dangereux, j' _____ de grandes dents, je _____ méchant, mes poils _____ noirs ou gris, les enfants _____ peur de moi et j' _____ toujours faim !
Je suis _____

2 date : ....

Nous _____ mignons, nous _____ une fourrure très douce, nos oreilles _____ très longues, notre maman _____ gentille avec nous. Et vous n' _____ pas peur de nous !
Nous sommes _____

3 date : ....

Il _____ en bois, il _____ une mine, tu _____ besoin de lui en classe, il _____ parfois mal taillé, il _____ souvent une petite gomme attachée au bout.
C'est _____

4 date : ....

Vous _____ un casque pour vous protéger, vous _____ toujours là quand une maison _____ en feu, vous _____ beaucoup de courage, vous _____ très forts et nous _____ de l'admiration pour vous.
Vous êtes _____

41

J'apprends comment écrire ce que j'entends (1)

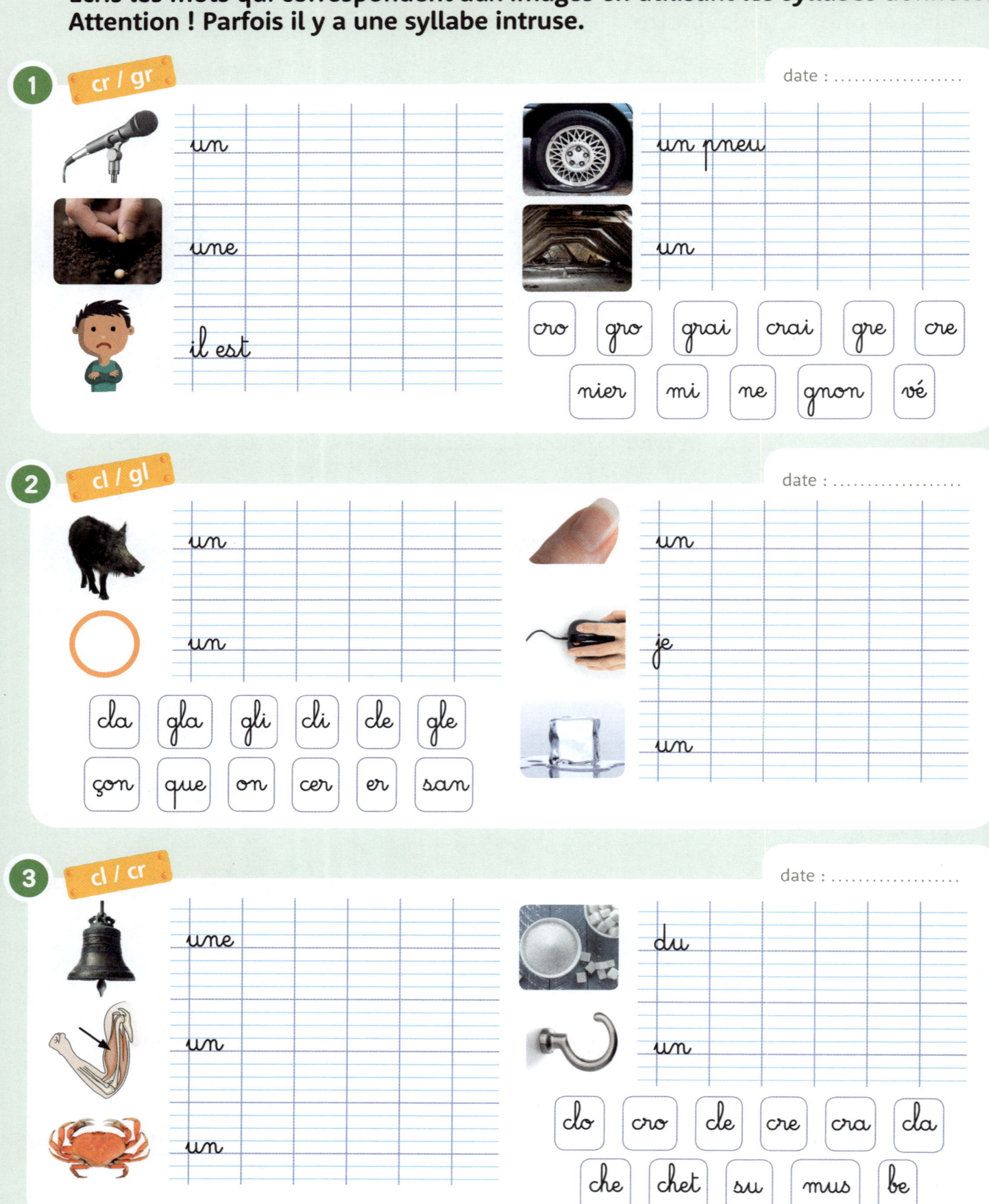

Écris les mots qui correspondent aux images en utilisant les syllabes données.
Attention ! Parfois il y a une syllabe intruse.

1 cr / gr

date : ....

un ....   un pneu ....

une ....   un ....

il est ....

| cro | gro | grai | crai | gre | cre |
| nier | mi | ne | gnon | vé | |

2 cl / gl

date : ....

un ....   un ....

un ....   je ....

    un ....

| cla | gla | gli | cli | cle | gle |
| çon | que | on | cer | er | san |

3 cl / cr

date : ....

une ....   du ....

un ....   un ....

un ....

| clo | cro | cle | cre | cra | cla |
| che | chet | su | mus | be | |

4 oi / on

un _____
un _____
un _____

il _____
une _____

| tron | boie | bon | doi | con | bon |
| bal | a | ci | ar | se |

5 oi / ou

un _____
une _____

des crayons de _____
une _____
une _____

| cou | coi | toi | tou | bou | boi |
| é | ton | leur | fram | pie | se | le |

6 ou / on

un _____
un _____
un _____

un _____
du _____

| tron | trou | bon | bou | cou |
| jam | chon | teau | peau |

43

J'apprends comment écrire ce que j'entends (1)

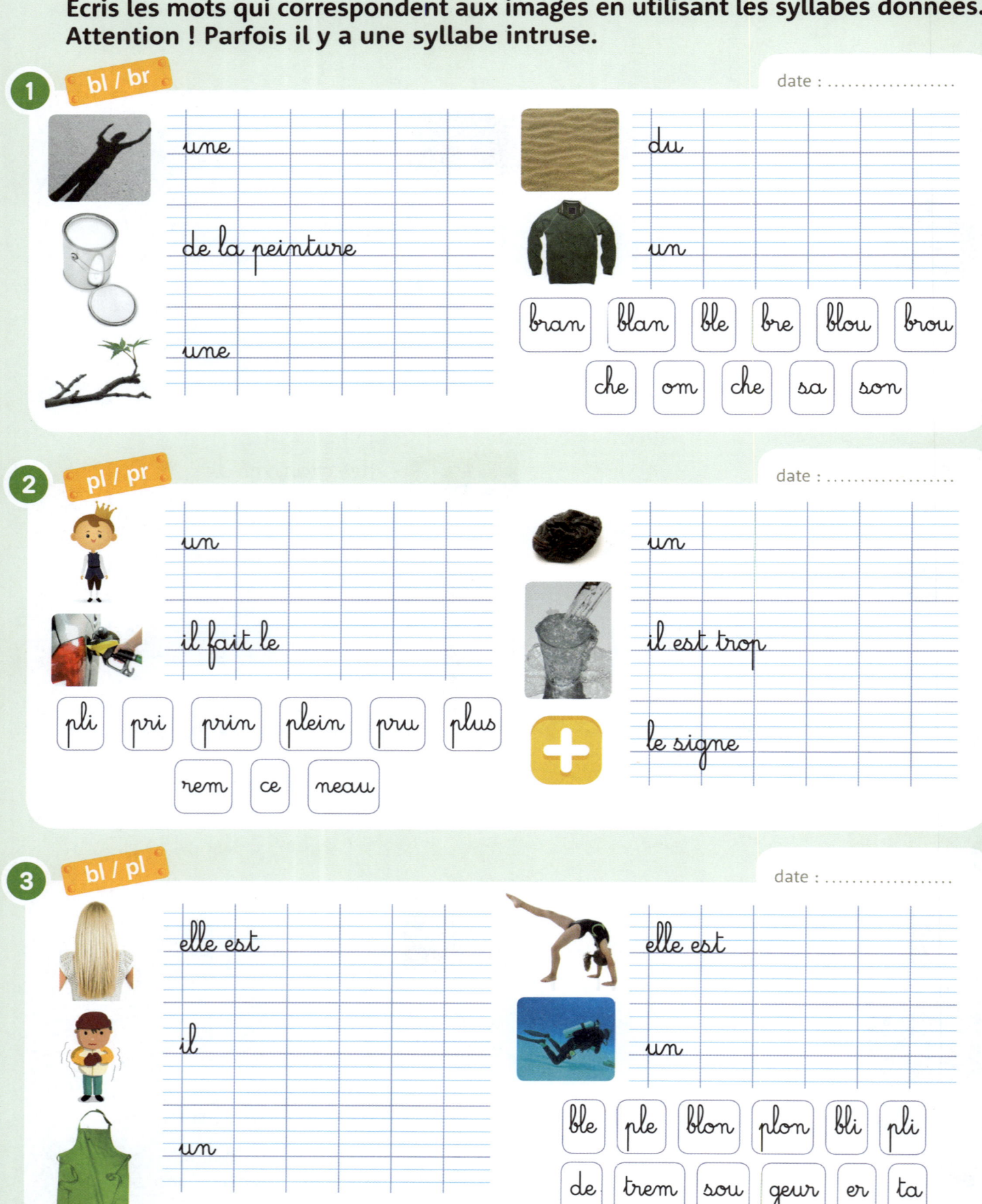

Écris les mots qui correspondent aux images en utilisant les syllabes données.
Attention ! Parfois il y a une syllabe intruse.

1 — bl / br

date : ....

une ....

de la peinture ....

une ....

du ....

un ....

| bran | blan | ble | bre | blou | brou |
| che | om | che | sa | son |

2 — pl / pr

date : ....

un ....

il fait le ....

un ....

il est trop ....

le signe ....

| pli | pri | prin | plein | pru | plus |
| rem | ce | neau |

3 — bl / pl

date : ....

elle est ....

il ....

un ....

elle est ....

un ....

| ble | ple | blon | plon | bli | pli |
| de | trem | sou | geur | er | ta |

4 ai / an

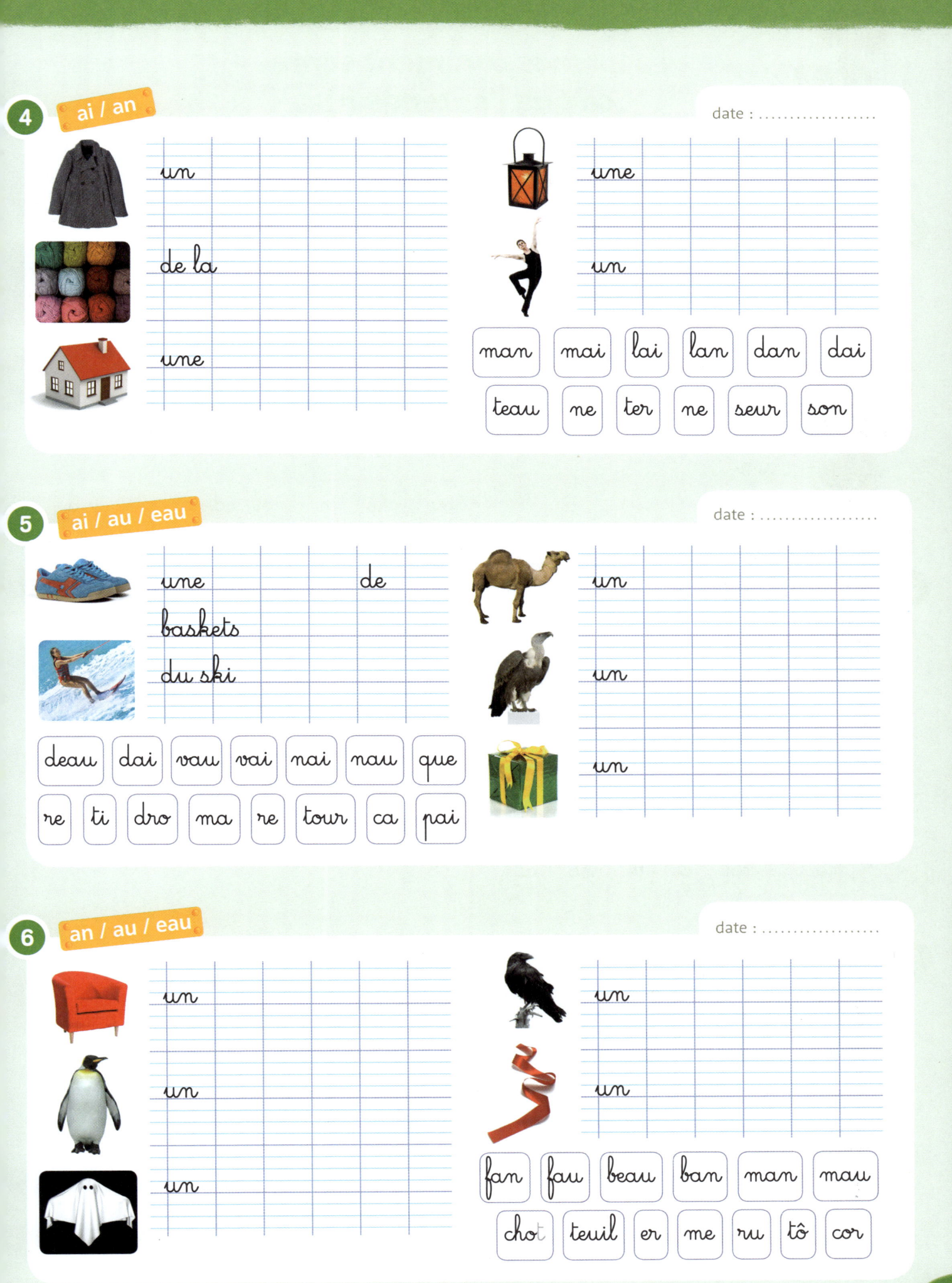

date : ....

un
de la
une

une
un

| man | mai | lai | lan | dan | dai |
| teau | ne | ter | ne | seur | son |

5 ai / au / eau

date : ....

une   de
baskets
du ski

un
un
un

| deau | dai | vau | vai | nai | nau | que |
| re | ti | dro | ma | re | tour | ca | pai |

6 an / au / eau

date : ....

un
un
un

un
un

| fan | fau | beau | ban | man | mau |
| chot | teuil | er | me | ru | tô | cor |

45

J'apprends comment écrire ce que j'entends (1)

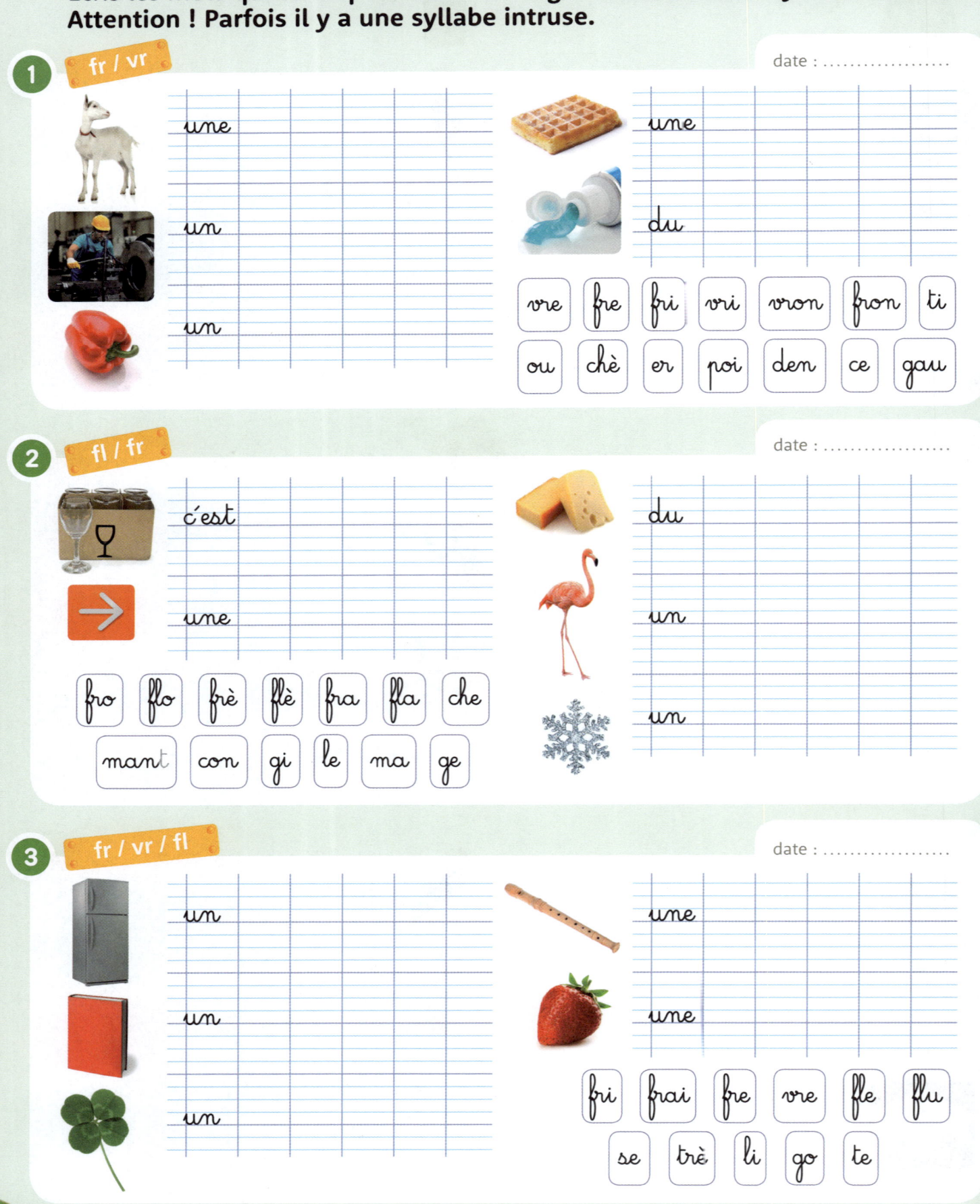

Écris les mots qui correspondent aux images en utilisant les syllabes données.
Attention ! Parfois il y a une syllabe intruse.

1 fr / vr

date : ....

une ....
un ....
un ....

une ....
du ....

| vre | fre | fri | vri | vron | fron | ti |
| ou | chè | er | poi | den | ce | gau |

2 fl / fr

date : ....

c'est ....
une ....

du ....
un ....
un ....

| fro | flo | frè | flè | fra | fla | che |
| mant | con | gi | le | ma | ge |

3 fr / vr / fl

date : ....

un ....
un ....
un ....

une ....
une ....

| fri | frai | fre | vre | fle | flu |
| se | trè | li | go | te |

4 oi / io

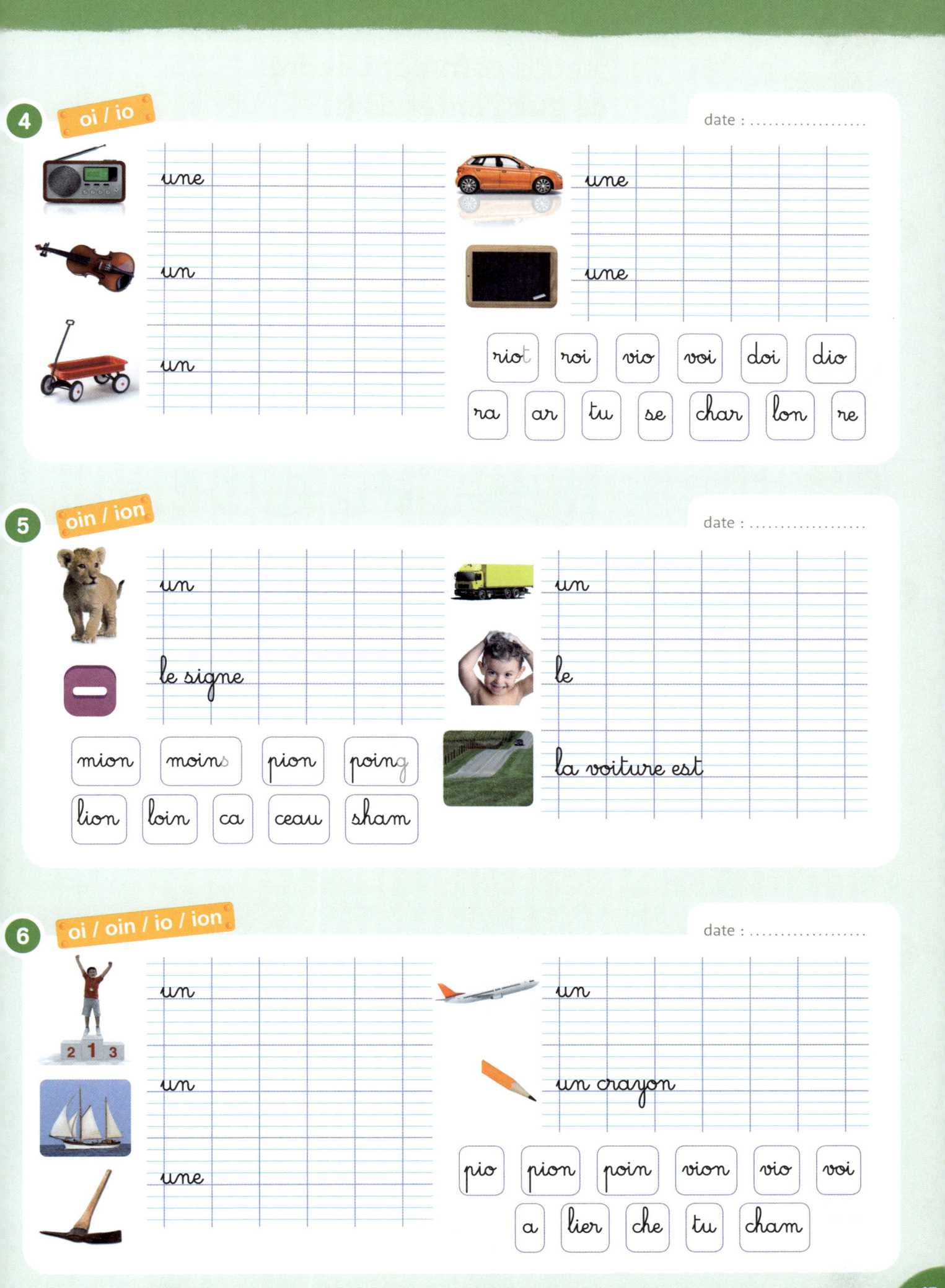

date : ....

une

un

un

une

une

| riot | roi | vio | voi | doi | dio |
| ra | ar | tu | se | char | lon | re |

5 oin / ion

date : ....

un

le signe

un

le

la voiture est

| mion | moins | pion | poing |
| lion | loin | ca | ceau | sham |

6 oi / oin / io / ion

date : ....

un

un

un

un crayon

une

| pio | pion | poin | vion | vio | voi |
| a | lier | che | tu | cham |

47

J'apprends **comment écrire ce que j'entends (1)**

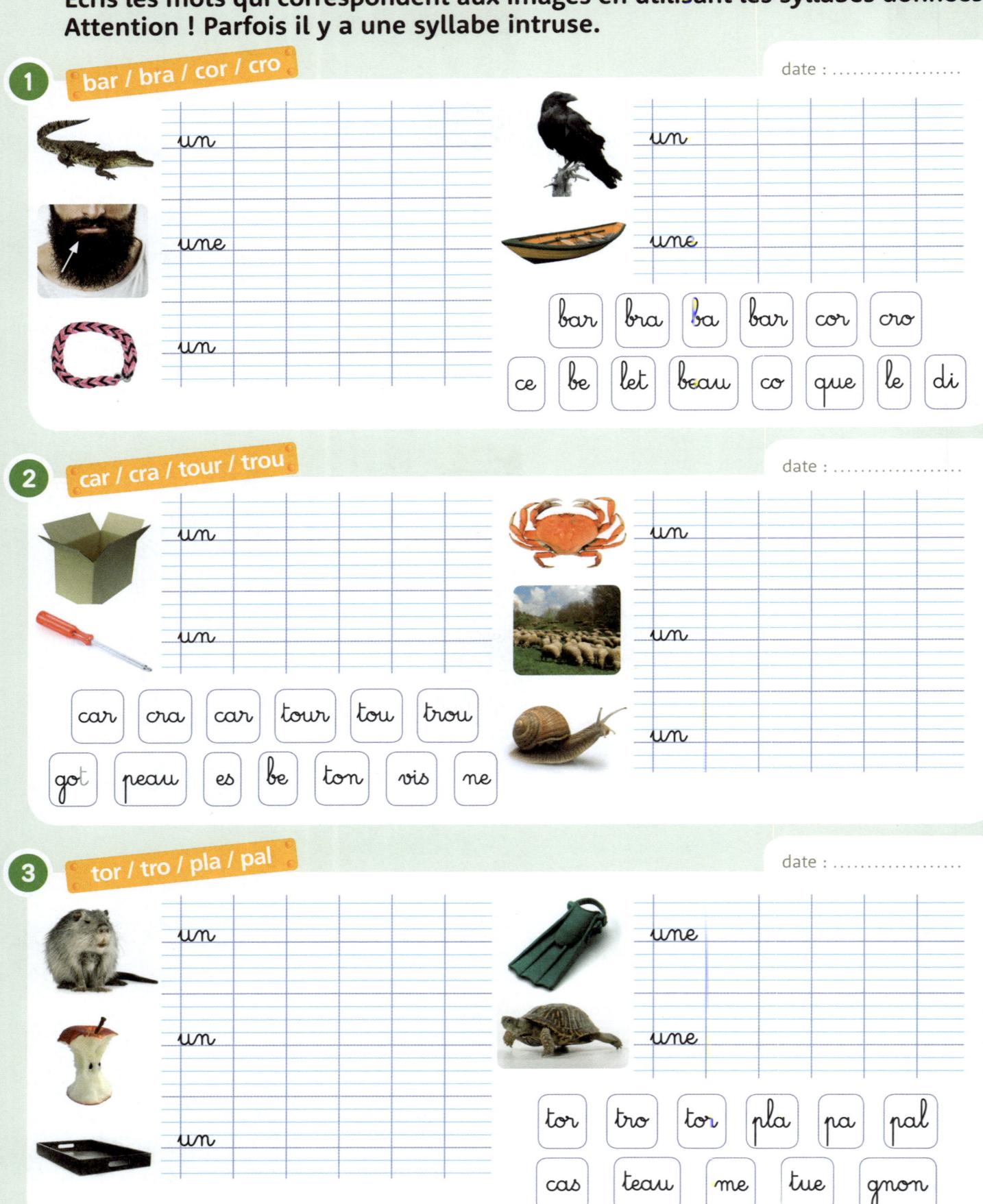

Écris les mots qui correspondent aux images en utilisant les syllabes données.
Attention ! Parfois il y a une syllabe intruse.

1 bar / bra / cor / cro

date : ....

un ....
une ....
un ....

un ....
une ....

| bar | bra | ba | bar | cor | cro |
| ce | be | let | beau | co | que | le | di |

2 car / cra / tour / trou

date : ....

un ....
un ....

un ....
un ....
un ....

| car | cra | car | tour | tou | trou |
| got | peau | es | be | ton | vis | ne |

3 tor / tro / pla / pal

date : ....

un ....
un ....
un ....

une ....
une ....

| tor | tro | tor | pla | pa | pal |
| cas | teau | me | tue | gnon |

4 — eu / en

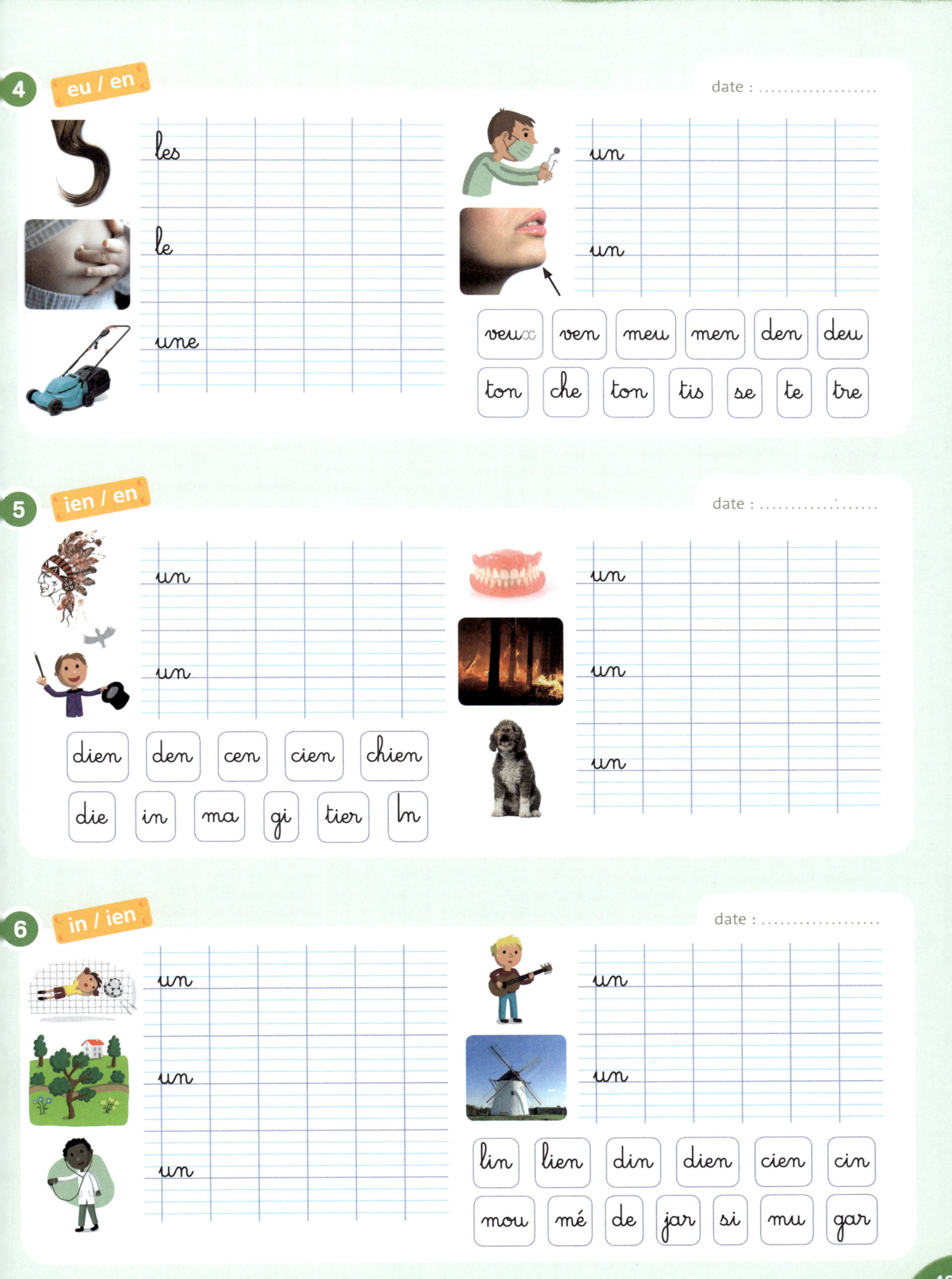

date : ....

les

le

une

un

un

| veux | ven | meu | men | den | deu |
| ton | che | ton | tis | se | te | tre |

5 — ien / en

date : ....

un

un

un

un

un

| dien | den | cen | cien | chien |
| die | in | ma | gi | tier | In |

6 — in / ien

date : ....

un

un

un

un

un

| lin | lien | din | dien | cien | cin |
| mou | mé | de | jar | si | mu | gar |

49

J'apprends comment écrire ce que j'entends (1)

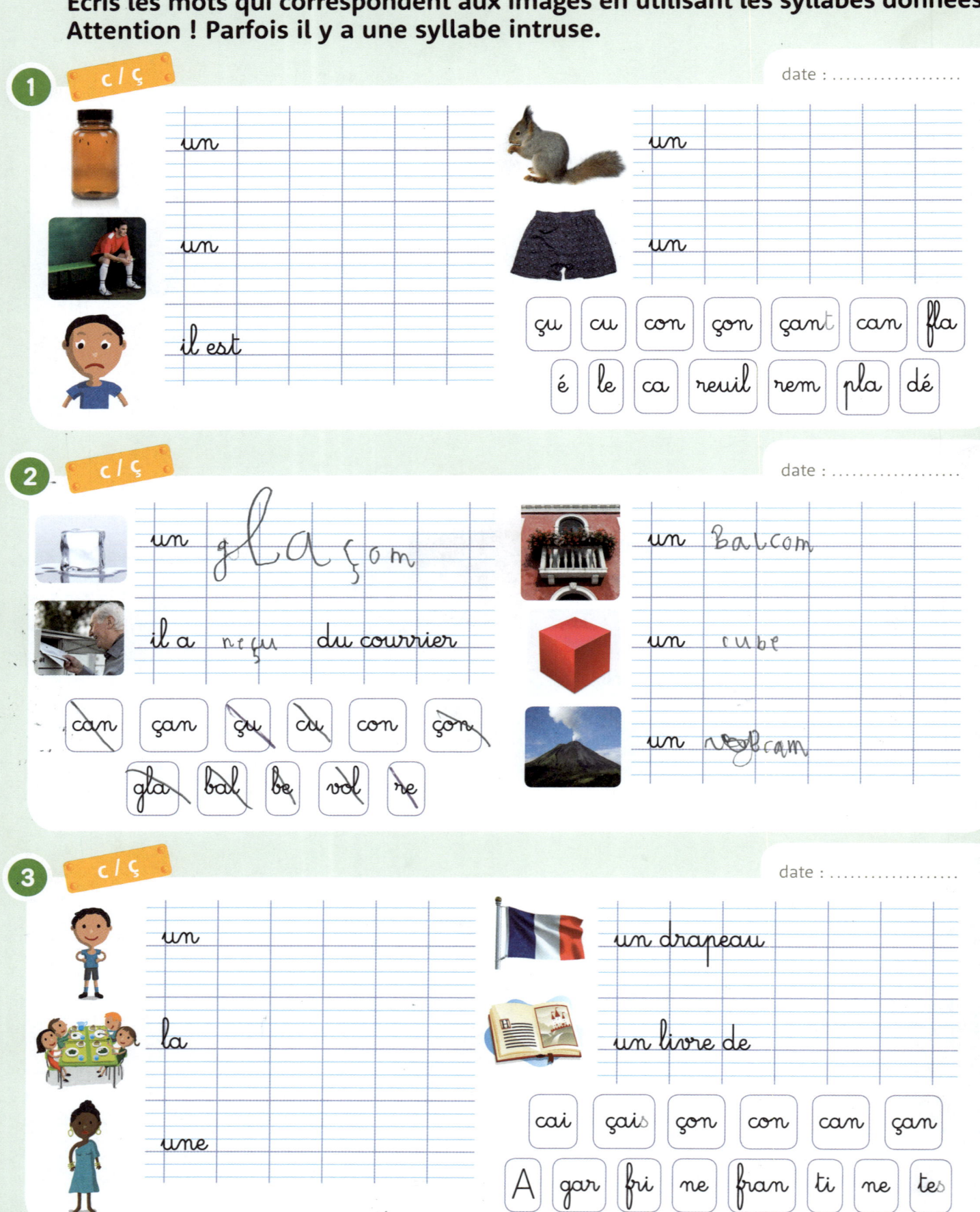

Écris les mots qui correspondent aux images en utilisant les syllabes données.
Attention ! Parfois il y a une syllabe intruse.

1 — c / ç

date : ....

un ....
un ....
il est ....

un ....
un ....

| çu | cu | con | çon | çant | can | fla |
| é | le | ca | reuil | rem | pla | dé |

2 — c / ç

date : ....

un *glaçom*
il a *reçu* du courrier

un *balcom*
un *cube*
un *volcam*

| ~~can~~ | ~~çan~~ | ~~çu~~ | ~~cu~~ | ~~con~~ | ~~çon~~ |
| ~~gla~~ | ~~bal~~ | be | ~~vol~~ | ~~re~~ |

3 — c / ç

date : ....

un ....
la ....
une ....

un drapeau ....
un livre de ....

| cai | çais | çon | con | can | çan |
| A | gar | fri | ne | fran | ti | ne | tes |

4 gui / gi / gue / ge

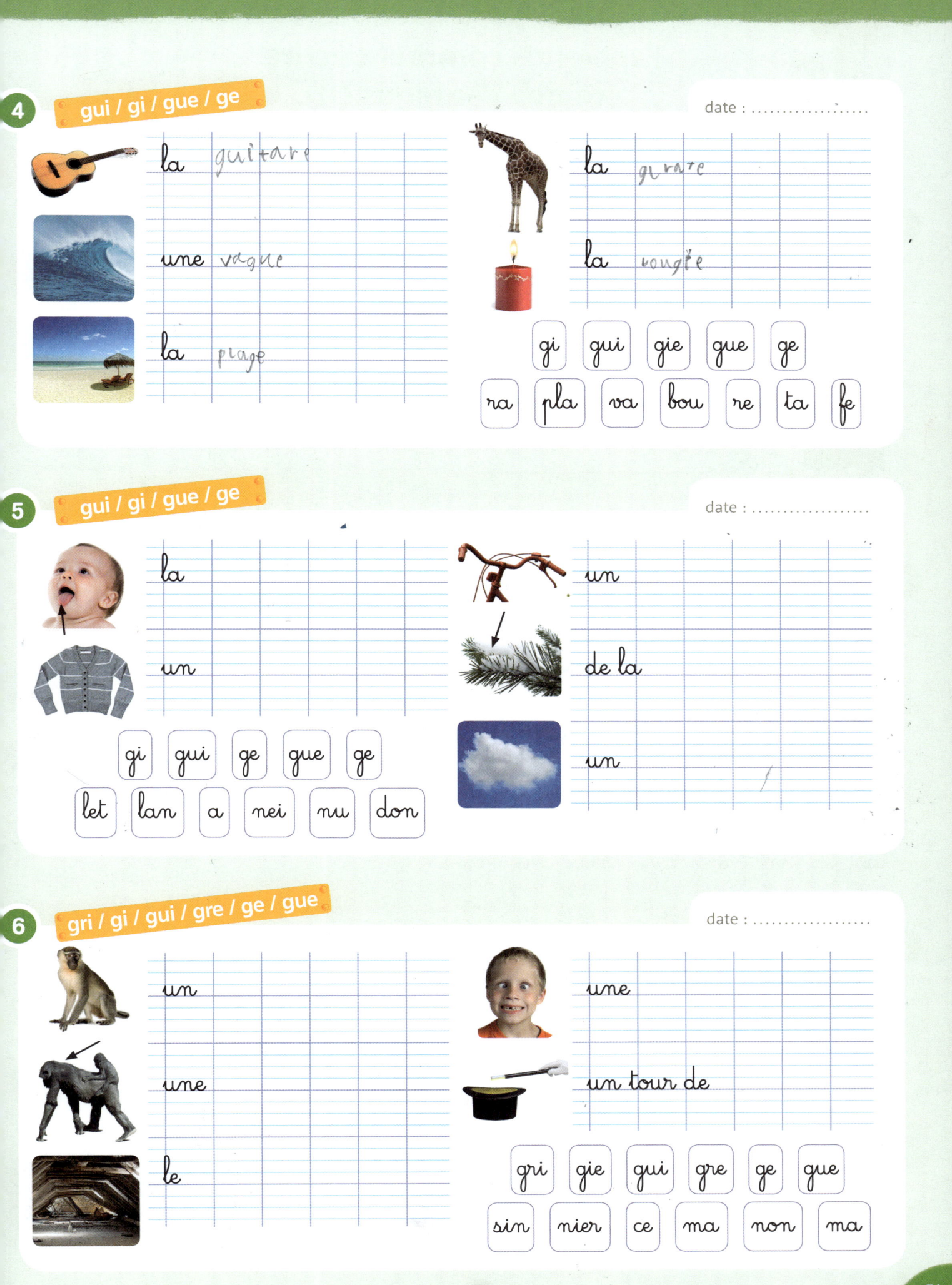

date : ....

la guitare

une vague

la plage

la girafe

la bougie

| gi | gui | gie | gue | ge |
| ra | pla | va | bou | re | ta | fe |

5 gui / gi / gue / ge

date : ....

la

un

un

de la

un

| gi | gui | ge | gue | ge |
| let | lan | a | nei | nu | don |

6 gri / gi / gui / gre / ge / gue

date : ....

un

une

le

une

un tour de

| gri | gie | gui | gre | ge | gue |
| sin | nier | ce | ma | non | ma |

51

J'apprends comment écrire ce que j'entends (1)

Écris les mots qui correspondent aux images en utilisant les syllabes données.
Attention ! Parfois il y a une syllabe intruse.

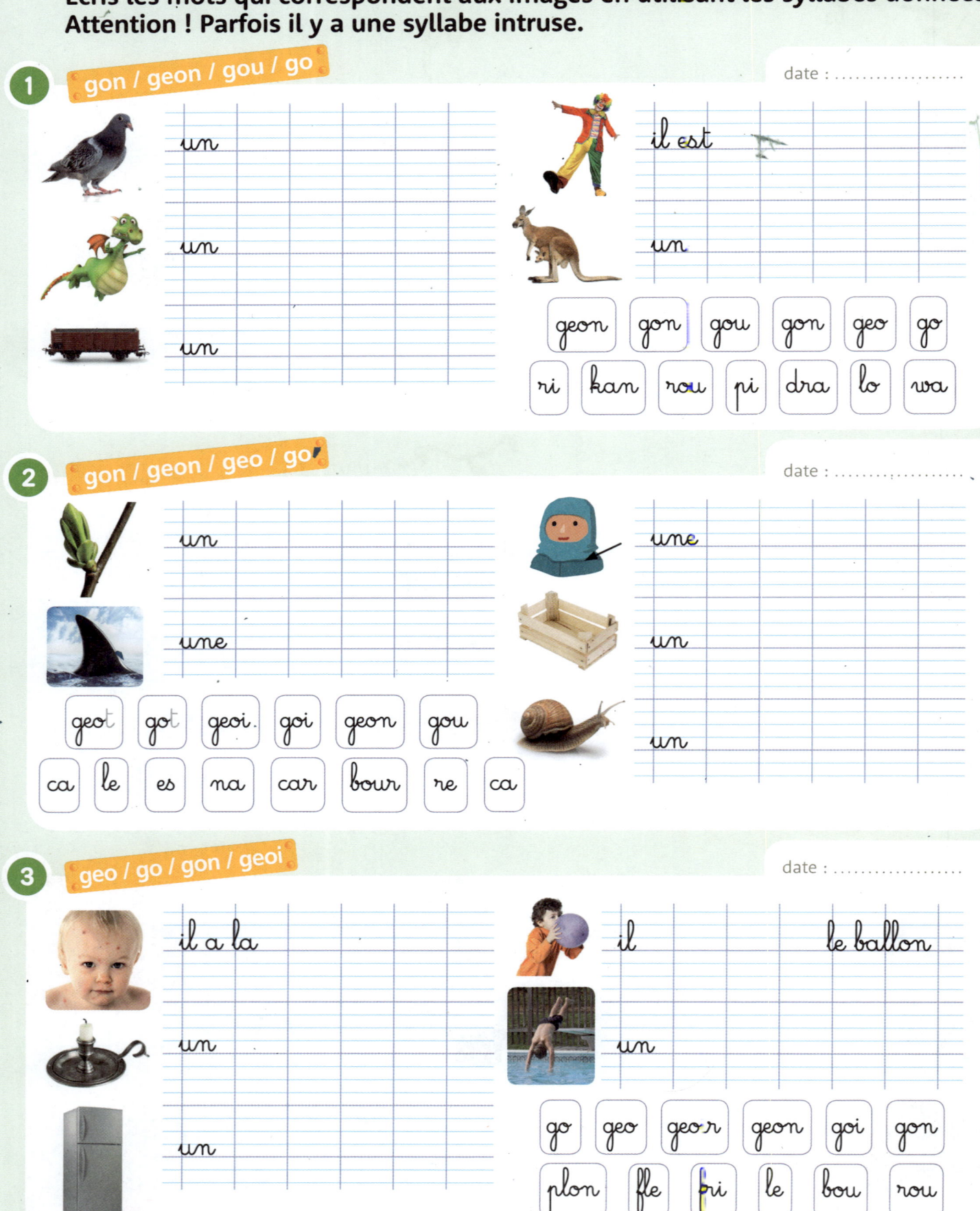

1 gon / geon / gou / go

date : ....

un ....
un ....
un ....

il est ....
un ....

| geon | gon | gou | gon | geo | go |
| ri | kan | rou | pi | dra | lo | wa |

2 gon / geon / geo / go

date : ....

un ....
une ....

une ....
un ....
un ....

| geot | got | geoi | goi | geon | gou |
| ca | le | es | na | car | bour | re | ca |

3 geo / go / gon / geoi

date : ....

il a la ....
un ....
un ....

il .... le ballon
un ....

| go | geo | geor | geon | goi | gon |
| plon | fle | fri | le | bou | rou |

4 — em / en / om / on

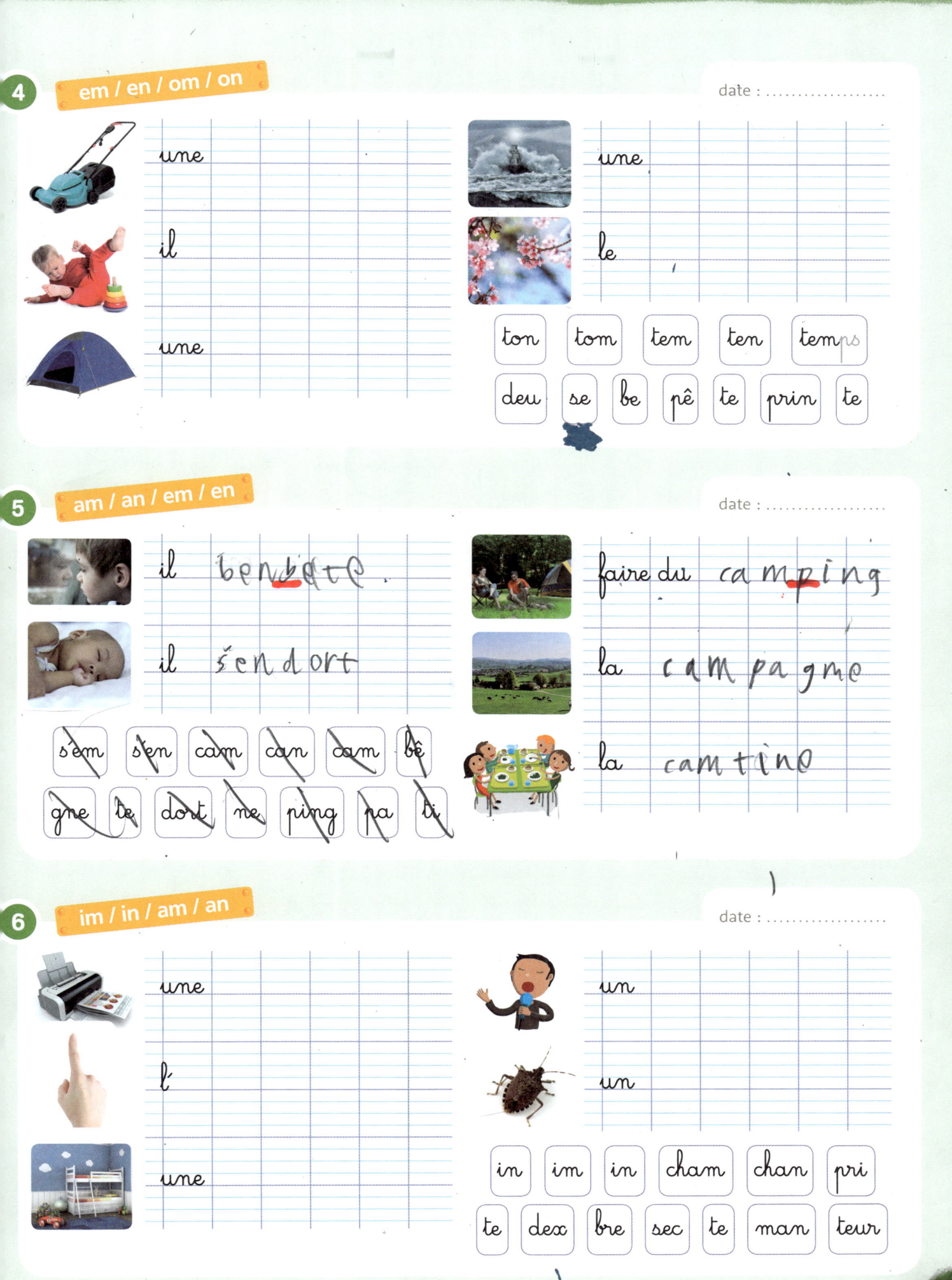

date : ....

une ....
il ....
une ....

une ....
le ....

| ton | tom | tem | ten | temps |
| deu | se | be | pê | te | prin | te |

5 — am / an / em / en

date : ....

il ben~~bete~~
il s'endort

faire du ca**m**ping
la campagne
la camtine

~~s'em~~ ~~s'en~~ ~~cam~~ ~~can~~ ~~dam~~ bê
gne te dort ne ping pa ti

6 — im / in / am / an

date : ....

une ....
l' ....
une ....

un ....
un ....

| in | im | in | cham | chan | pri |
| te | dex | bre | sec | te | man | teur |

J'apprends comment écrire ce que j'entends (2)

-ail / -eil / -euil / -ouil

Récris les mots qui ont été déchirés en deux.

1

date : ....

- un .... photo
- le **fenouil**
- un ....

- le **corail**
- le **soleil**

écur | eil | cor | ouil | appar
fen | eil | sol | ail | euil

2

date : ....

- j'ai ....
- un ....

- un ....
- un ....
- un ....

somm | ail | épouvant | euil | eil
faut | ail | ort | port | eil

3

date : ....

- ils ont du ....
- un ....
- un ....

- un ....
- un ....

trav | eil | chev | ail | rév
euil | ail | vitr | ail | évent

gn / ill

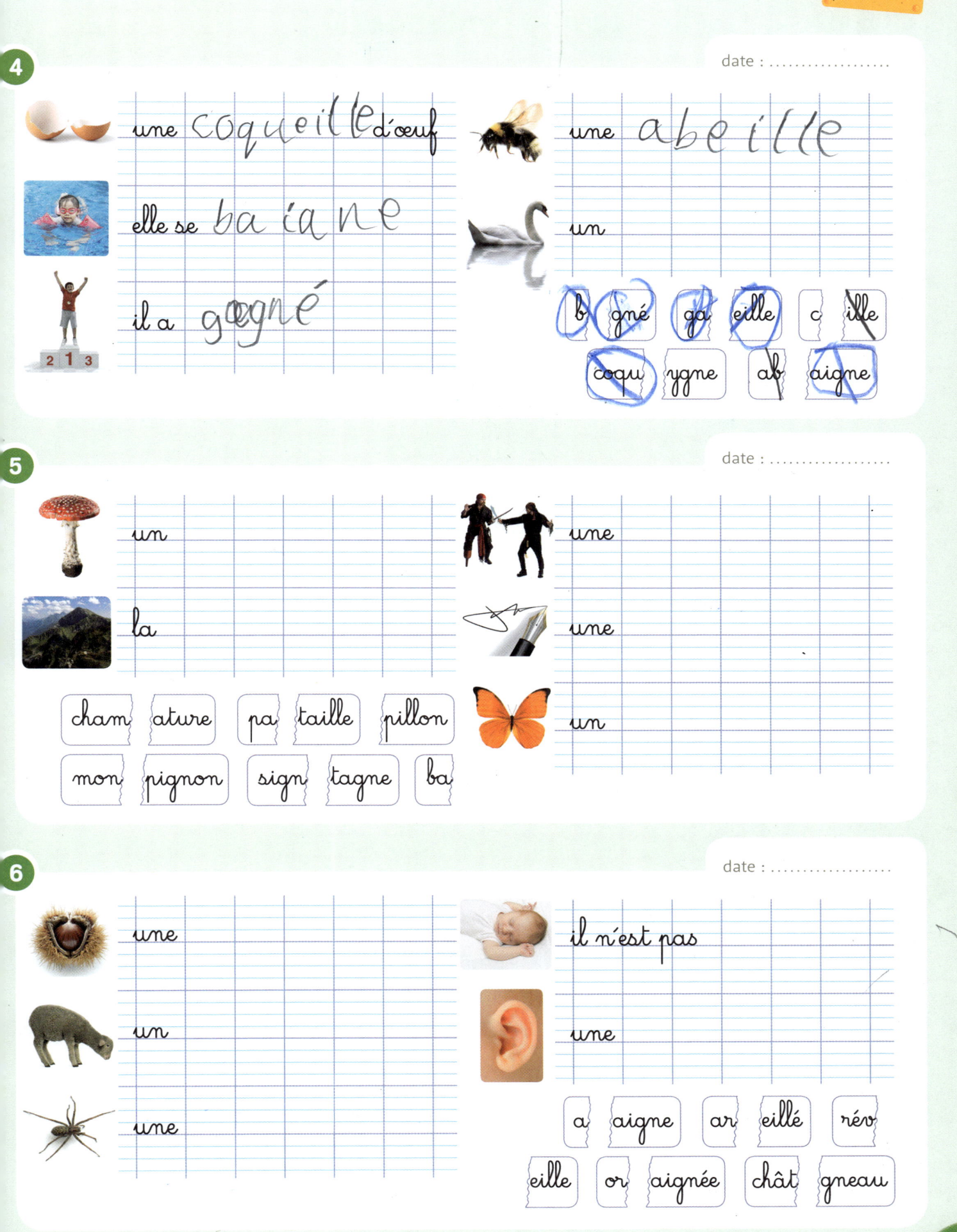

4

date : ....

une coquille d'œuf   une abeille

elle se baigne   un

il a gagné

b gné   ga eille   c ille
coqu   ygne   ab   aigne

5

date : ....

un   une

la   une

un

cham ature   pa taille   pillon
mon   pignon   sign   tagne   ba

6

date : ....

une   il n'est pas

un   une

une

a aigne   ar eillé   rév
eille   or aignée   chât   gneau

55

J'apprends comment écrire ce que j'entends (2)

-aille / -eille / -ille / -ouille / -euille

Récris les mots qui ont été déchirés en deux.

1 date : ....

un gor e i lle
une chemille
une gre mouille
le train déraille

~~gor~~ ~~ouille~~ ~~chen~~ ~~eille~~ ~~aille~~
~~gren~~ ~~ille~~ ~~dér~~ ~~or~~ ~~ille~~

2 date : ....

une ....
il ....
une ....
ça me ....
je m' ....

bout | ille | chat | eille | ab
grib | eille | ouille | hab | ouille

3 date : ....

elle ....
une ....
une ....
la ....
il se ....

aille | méd | ille | rév | ille
trav | eille | chev | céd | aille

**-elle / -ette / -esse
-erre / -enne**

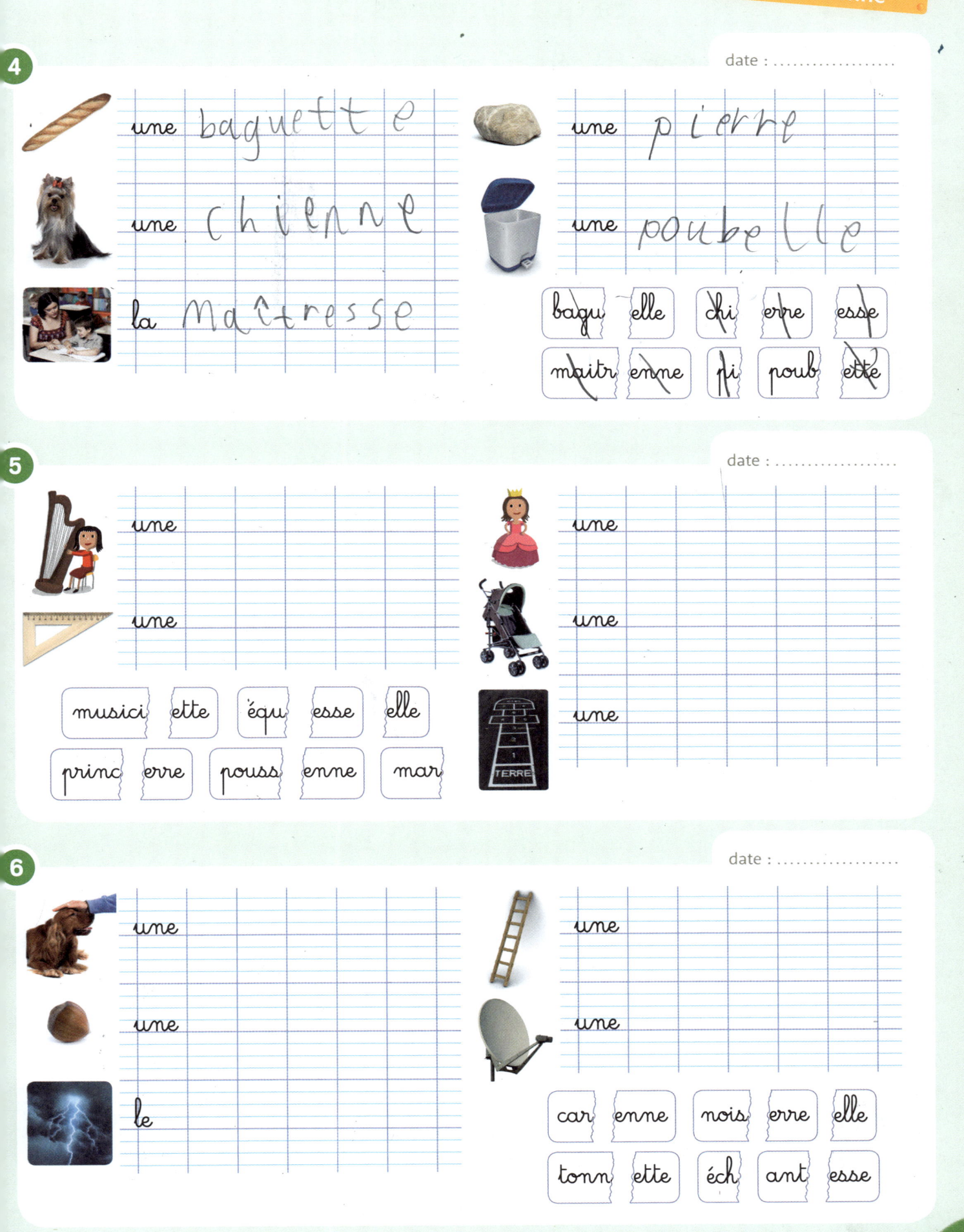

4

date : ....

une baguette   une pierre

une chienne   une poubelle

la maîtresse

| bagu | elle | chi | erre | esse |
| maîtr | enne | pi | poub | ette |

5

date : ....

une ....   une ....

une ....   une ....

| musici | ette | équ | esse | elle |
| princ | erre | pouss | enne | mar |

une ....

6

date : ....

une ....   une ....

une ....   une ....

le ....

| car | enne | nois | erre | elle |
| tonn | ette | éch | ant | esse |

57

J'apprends comment écrire ce que j'entends (2)

s / ss

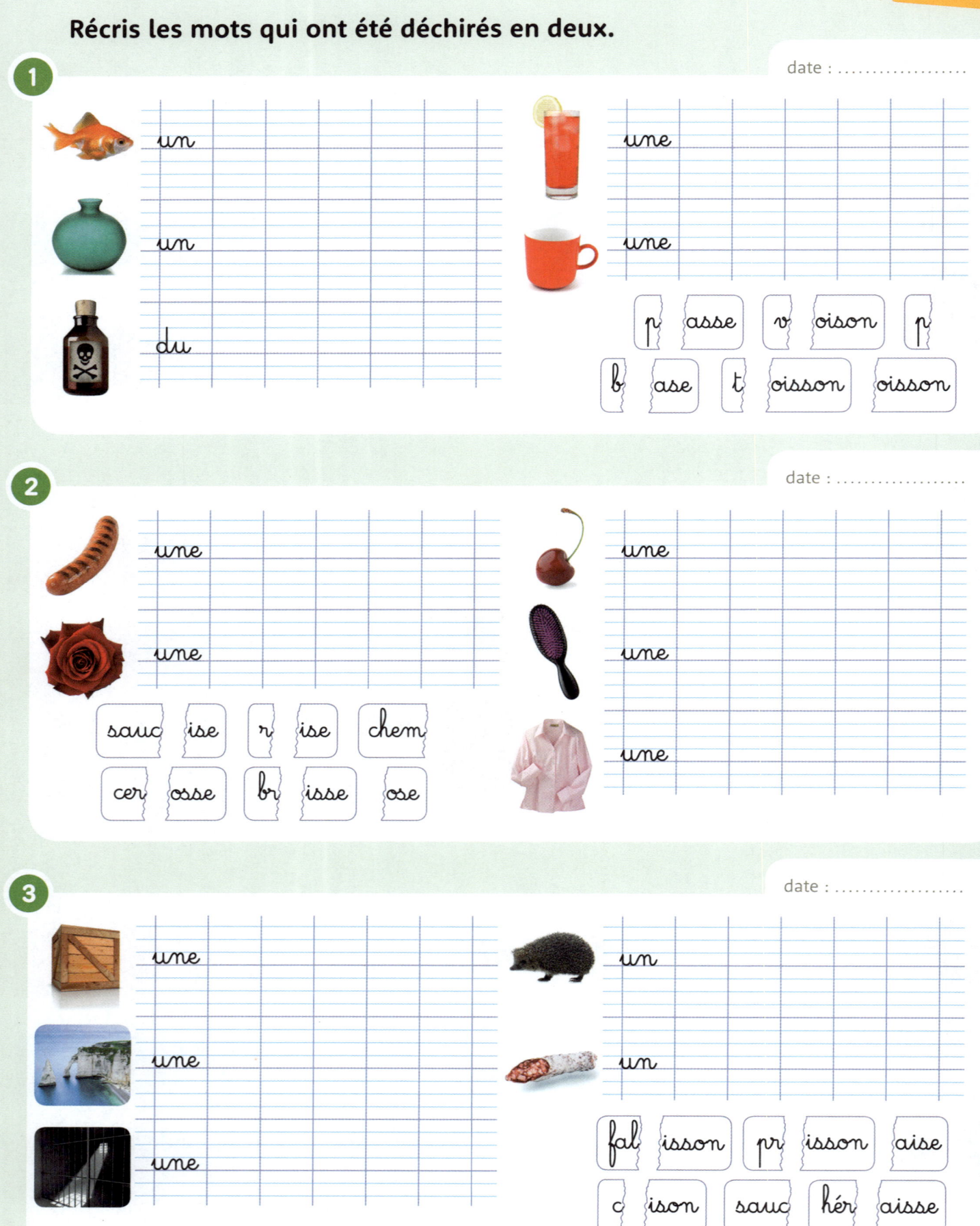

Récris les mots qui ont été déchirés en deux.

1

date : ....

- un ....
- un ....
- du ....

- une ....
- une ....

p|asse   v|oison   p|
b|ase   t|oisson |oisson

2

date : ....

- une ....
- une ....

- une ....
- une ....
- une ....

sauc|ise   r|ise   chem|
cer|osse   br|isse |ose

3

date : ....

- une ....
- une ....
- une ....

- un ....
- un ....

fal|isson   pr|isson |aise
c|ison   sauc| hér| |aisse

Je forme **des phrases bien orthographiées**

Relie les parties de phrases : parle-t-on d'une seule chose, d'un seul animal ou de plusieurs ?

1

date : ....

- Le Soleil
- La Lune
- Les étoiles

- brille dans le ciel.
- est dorée et brillante.
- est doré et brillant.
- brillent dans le ciel.

2

date : ....

- La soupe
- Les pâtes
- Le rôti

- se mangent bien chaudes.
- se mange bien chaude.
- se mange chaud ou froid.
- se mangent chauds ou froids.

3

date : ....

- Le ciel
- La mer
- Mes chaussettes

- sont bleus.
- est toute bleue.
- sont bleues.
- est tout bleu.

4

date : ....

- Le crapaud
- La grenouille
- Les grenouilles

- coasse.
- coassent.
- vivent dans la mare.
- est verte.

59

Je forme des phrases bien orthographiées

Relie les parties de phrases : parle-t-on d'une seule chose, d'un seul animal ou de plusieurs ?

1   date : ....

- L'ouragan
- La tempête
- Les cyclones

- font de gros dégâts.
- cassent les arbres.
- détruisent les bateaux.
- soulève les toits des maisons.

2   date : ....

- Le cochon
- La truie
- Les cochons

- est rose et dodu.
- se roulent dans la boue.
- est rose et dodue.
- sont roses et dodus.

3   date : ....

- Les courgettes
- Les haricots
- La salade

- sont verts et allongés.
- sont vertes et allongées.
- est bien verte.
- est bien vert.

4   date : ....

- Les chaises
- Les fauteuils
- La chaise

- sert à s'assoir.
- servent à s'assoir.
- est confortable.
- est solide.

J'accorde
l'adjectif avec le nom

Récris la phrase en plaçant l'adjectif (dans l'étiquette) au bon endroit. Attention aux accords !

1 date : ....

La grenouille a mangé trois moustiques. — petits

Ce chien porte des lunettes et un chapeau. — noir

2 date : ....

J'ai acheté une brioche et trois petits pains. — dorée

J'ai acheté trois pommes et des haricots. — verts

3 date : ....

Voici une poupée aux cheveux bouclés. — jolie

Avec sa baguette, la fée a d'étranges pouvoirs. — magique

61

J'accorde l'adjectif avec le nom

Récris la phrase en plaçant l'adjectif (dans l'étiquette) au bon endroit. Attention aux accords !

1

date : ....

Ils ont de belles chaussures et de beaux habits. | bleus

Le prince rencontre deux dragons. | charmants

2

date : ....

Ce robot a un drôle de nez et deux gros yeux. | clignotant

J'ai une écharpe et des moufles pour l'hiver. | chaudes

3

date : ....

J'ai jeté tes vieux jouets et ta vieille montre. | cassée

Une lueur jaune sort des yeux de la sorcière. | étranges

Je construis **des phrases** en faisant attention aux accords

Observe bien chaque dessin.
Puis écris pour chacun une phrase en t'aidant des étiquettes proposées.

1 date : ....

| Les | lapin | se cache | | un | sapins. |
| Le | lapins | se cachent | derrière | les | sapin. |

2 date : ....

| Jules et Medhi | répare | leurs | vélo. |
| Fanny | réparent | son | vélos. |

3 date : ....

| Un | moustiques | tournent | | de la | petites | fille. |
| Des | moustique | tourne | autour | des | petite | filles. |

Je construis **des phrases** en faisant attention aux accords

Observe bien chaque dessin.
Puis écris pour chacun une phrase en t'aidant des étiquettes proposées.

4

date : ....

| Les enfants | caresse | les | joli | chatons. |
| Samy | caressent| le | jolis | chaton. |

5

date : ....

| Les parents | couche | le | bébés | son | berceaux. |
| Papa | couchent | les | bébé | dans | leurs | berceau. |

6

date : ....

| Akiko | se promènent | ses | petit | chiens. |
| Lucas et Akiko | se promène | avec | leur | petits | chien. |